两班：朝鲜王朝的特权阶层

[日]宫嶋博史 著

朱玫 译

中西书局

宮嶋博史

著者简介

宫嶋博史

1948 年生于日本大阪。日本京都大学东洋史学科博士，现任日本东京大学东洋文化研究所名誉教授、韩国成均馆大学东亚学术院名誉教授，专攻朝鲜史。主要著作有《朝鲜土地调查事业史研究》（东京：东京大学东洋文化研究所，1991 年）、《两班》（东京：中央公论社，1995 年）、《我的韩国史学习》（首尔：nemerbooks，2013 年）、《日本历史观的批判》（首尔：创作与批评，2013 年）、《明清和李朝时代》（东京：中央公论社，1998 年）、《在亚洲思考》（东京：东京大学出版会，1993—1994 年）等。

目录

中文版序   1

序：存在于现代的儒教传统   1

  儒教式的祖先祭祀   1

  儒教礼的世界   4

  朝鲜的儒教传统   6

  作为历史产物的儒教传统   9

第一章   两班——朱子学的主导者   14

  何为两班   14

  作为社会阶层的两班   17

第二章   在地两班阶层的形成过程   24

  关于安东权氏   24

  入乡祖：权橙   30

  酉谷权氏的形成   38

  在地两班阶层的成立   45

第三章　在地两班阶层的经济基础　　50

　　分财记　　50

　　权橪家的经济基础——奴婢所有　　57

　　权橪家的经济基础——农田所有　　65

第四章　开发的时代　　78

　　朝鲜"农书"的出现　　78

　　荒地的开垦方法　　85

　　民间农书《农家月令》的诞生　　87

　　农田开发和在地两班阶层　　92

　　山区和海岸地区的农田开发　　100

第五章　两班的日常生活　　106

　　关于《琐尾录》　　106

　　两班的日常生活　　111

　　两班和奴婢的关系　　117

第六章　两班统治体制的确立　　124

　　乡案、乡所、乡约　　124

　　奈城洞约和酉谷权氏　　132

　　婚姻、学缘的关系网　　134

　　同族聚落的形成　　143

第七章　在地两班阶层的保守化和同族结合的强化　149

两班阶层成长的终结　149

继承制度的变化　156

继承制度变化的社会背景　166

族谱形式的变化　168

门中组织的形成和同族结合的强化　177

第八章　两班趋向型社会的形成　184

乡吏阶层的两班趋向　184

民众的两班趋向　193

小农阶层的形成　201

结语　传统与近代　207

参考文献　214

作者后记　218

译者后记　222

中文版序

　　拙著《两班》的中文版即将出版。该书于1995年在日本首次出版，在中国翻译和出版可以说相隔了28年。小书会译成中文并出版，在最初出版时是难以想象的，因此感怀颇深。我想这或许和最近中国对韩国文化和历史有了更多的关注有关。两班的概念在中国是如何被理解，我并不十分清楚，以下将对本书试图揭示的问题及其意义稍加叙述，以此代替中文版序文。

　　两班是朝鲜王朝时代（1392—1910）的统治阶层。韩国和日本的历史教科书里都如此叙述，恐怕在中国也是如此。但如本书第一章所言，两班是什么的问题事实上是很难简单回答的。这一难解和暧昧，正是我写作此书的动机。

在理解两班的时候，很容易犯的错误是将其视为身份，这点需注意。两班一词原本是指文官和武官构成的官僚阶层，其地位并非自动世袭的身份。但到了15、16世纪，两班逐渐开始获得身份的意义。17世纪以后，祖先中有官僚经历者，其子孙便具备两班的资格，可以说两班完成了身份化的过程。

但即便两班出现了身份化的倾向，国家始终没有就两班的地位在法律中作出规定。整个朝鲜时代，法定的身份只有良、贱身份，不存在被称为两班的身份。因此，两班可以说是一种社会身份，两班和非两班的区分依据情境是可变的。如果说中国的士大夫体现的是社会地位，不是出身即决定的身份，那么日本的武士则是严格的法定身份，而朝鲜的两班可以说具有处于两者中间的属性。

由于两班这一独特属性，18、19世纪以后，朝鲜出现了人人想成为两班，即饶有趣味的两班化现象。从某种意义上看，这样的倾向至今仍存在。对于韩国人来说，两班并不是单纯的历史故事，而是到今天仍具有生命力的概念。我关注两班的最大理由也正源于此。从这个意义出发，期待本书能成为中国读者了解韩国历史与现在的入门书籍。

最后，我想对为拙著的中文翻译付出辛劳的朱玫教授表示感谢。

宫嶋博史

2022 年 12 月 20 日于首尔

序：存在于现代的儒教传统

儒教式的祖先祭祀

1987 年 10 月秋夕 ① （阴历八月十五）那天，我到访韩国庆尚北道安东。我在日本京都大学时期的前辈兼老友、韩国庆熙大学教授金鸿植兄说要在这一天祭祀祖先，我便从首尔与他一同前往。

日本有在春分和秋分时节扫墓的习俗，韩国则多在春天的寒食（韩国又称植树节，4 月 5 日）和秋天的秋夕时节祭拜祖先，且其祭祀祖先之竭诚，是日本难以比肩的。有许多人在中秋节回乡扫墓，形成了不亚于春节的

---

① 译者注：阴历八月十五，韩国称秋夕，中国则称中秋节。

1

回乡潮。我们一行在秋夕前一天下午五点左右开车从首尔出发，到达安东已是秋夕当天凌晨四点多。从首尔到安东通常三个半小时的车程，我们花了足足十一个小时。

小睡三个小时左右后，我们前往扫墓。金兄是以庆尚道义城为本贯（祖先出生地）的义城金氏一族，义城金氏则是庆尚道地区具有代表性的两班名门。金兄家族的祭祀顺序是，居住在首尔或安东的族人分别到散在各处的祖先坟墓祭祀，最后全部聚集到金兄祖父的墓地祭祀。我和金兄一同前往其七代以上祖先的坟墓，途中山路相当险峻，有时不得不开辟出道路。过去，柴是重要的燃料来源，然而近年来逐渐被煤炭、石油和煤气所取代，因此不再有人利用山林采集薪柴，山路也逐渐消失了。前往墓地的路每年只有一次，即在秋夕时节才被利用，所以今后似乎也只能走"无路之路"了。

祖先的祭祀按照儒教式进行。与一般采用佛教式祭祀的日本相比，韩国祭祖最大的不同是在墓前供奉鱼和肉。儒教不实行火葬而采取土葬，因此坟墓呈大的土馒头形，需要较大的面积。据某个新闻报道，韩国全国的墓地面积与首尔特别市相当，已成为国土利用的大问题。当下在韩国找到合适的墓地越来越难，墓地也趋于缩小化和简易化，但由于韩国人强烈的祖先崇拜观念，短期内无法对现存墓地进行改动。

秋夕的祭祀被称为茶礼，祭祀四代祖以内的祖先。四代祖高祖父以下的曾祖父、祖父、父亲的祭祀，也分别在其忌日于家庭内部进行，被称为"忌祭祀"。在长男家系，即宗家中，这种祭祀非常辛苦，主妇们从忌日的前几天就开始忙于准备，这也成为韩国女性避免与长男结婚的原因之一。

这一年的中秋节对金兄的家族来说非常重要。这是因为在中秋节的第二天，要举行四休书堂的新修落成仪式，该书堂供奉的是从金兄往上数的第十三代祖先金尔声。金尔声是著名的学者金近（号五休堂）的三男，号四休堂。金尔声的后代中有很多在日本殖民地时期移居到伪满洲国，金兄的父亲就是在伪满洲国长大的。

中秋节隆重的祖先祭祀，以及翻新四休书堂时对祖先的彰显，都体现了敬奉祖先的意识，反映了浓厚的儒教观念。其供奉的祖先皆与父系相关，虽然父亲和祖父等父系祖先的妻子也为祭祀对象，但母亲或祖母的祖先（被称为"外系"）则不是祭祀对象。这种重视父系血缘的祖先祭祀方式是非常具有儒教色彩的。

值得注意的是，祭祀祖先和彰显祖先不仅是为了逝者，同时也是展示生者社会地位的行为。按照儒教形式隆重地祭祀祖先，或是彰显有名的祖先，是现世子孙向社会展示自己家族渊源的行为，同时也是体现其家族拥有一定经济能力和社会地位，能够举办盛大的祭祀和彰显祖先活动的行为。正因为具有这样的现实意义，儒教的祖先崇拜观念才得以根深蒂固地存在于当今的韩国。

儒教礼的世界

　　源于中国的儒教，经过很长时间，传播至周边的朝鲜半岛、日本、越南等地。这些地区也被称为东亚儒教文化圈，其中朝鲜半岛是受儒教影响最深的地区。有种说法是，日本接受了儒学，却没有接受儒教。意思就是说，日本虽然接受了作为学问或统治者教养的儒教，但在规范日常生活的礼节方面则没有接受。虽然对这种理解存在不同意见，但在婚丧嫁娶、日常生活规范以及家族、亲属制度方面，日本具有浓厚的非儒教性质。越南对儒教的接受与日本有许多相似之处，在日常生活方面，佛教的影响占主导地位。

　　与此相反，儒教的教诲浸透于韩国日常生活的各个角落，其影响延续至今。前文所述的祖先观念以及祭祖方式都是体现儒教渗透潜移默化的典型例子，这种现象也可以从其他方面看到。

到韩国旅行的人应该都有这种经历：在商店买东西，店员给东西或找零钱时，一定会用右手将其交给顾客。给他人倒酒的时候，一定是用右手斟酒，接酒的人也要用右手捧着酒杯或杯子；用左手倒酒或接酒，对后辈或下级或许还可以这么做，对长辈或上司就绝对要避免。此外，在长辈面前喝酒时，应把脸转向右侧，右手持杯，左手遮杯，然后再喝下，这才是正确的礼节。如果父亲劝酒的话，可以在父亲面前喝酒，但绝对不能在父亲面前抽烟。

这些日常的举止礼节对于日本人来说，在某种意义上非常新鲜；但对韩国人来说，儒教是规范其日常礼节世界的原则。儒教之礼的原则，正如"君臣有义，父子有亲，夫妻有别，长幼有序，朋友有信"这句话所教诲的，根据不同人际关系，应遵守不同的礼，韩国人的礼的世界完全忠实于儒教的教诲。

韩国的家族、亲属制度与汉民族有着很大的共同点，因此与汉民族孕育的儒教家族观、亲属观相辅相成。祭祖形式上所体现的对父系血缘的重视，以及根据父系血缘形成同族集团以及禁止同族内结婚等，都与汉民族具有共同特征。不过在汉民族中，男孩因均等地继承了父亲的血脉，被视为具有平等关系，然而韩国人的长男相较于次男以下更受重视，这一点有所不同。

家族、亲属制度的问题，在现在的企业中也非常重要。从现代、三星等韩国代表性财阀企业到小型企业，企业的主要职位都由血亲占据，这是韩国企业的最大特点。金兄父亲创立的 K 出版社，也采取了由父亲担任会长、金兄的大弟担任副会长、小弟担任社长的典型同族企业形态，这种体制在韩国非常常见。

朝鲜的儒教传统

韩国社会的各个角落都带有浓厚的儒教色彩，那么在朝鲜（朝鲜民主主义人民共和国），儒教传统又是如何发展的呢？我只在 1989 年的 8 月末到 9 月初到访过朝鲜，并停留十天左右。兹就以当时的见闻为基础，来阐述我的推测吧。

在朝鲜期间，我遇到了一件印象深刻的事。当时，我们日本研究人员一行访问朝鲜中央历史博物馆。在从原始时代到现代的各个时代的展览中，朝鲜时代①（1392—1910）展览的比重似乎很低。朝鲜历史学界倾向于高度评价古代朝鲜半岛"三国时代"的高句丽及历代统一王朝中的高丽（936—1392）的地位，而朝鲜时代则被视为高度从属于中国、自主性较弱的时代，评价相对较低。

中央历史博物馆的展览或许正反映了这种倾向，不过我还是向女讲解员询问了朝鲜时代比重小的原因。讲解员所认为的原因之一，是朝鲜时代为儒教统治的时代，对目前的朝鲜来说是没有积极意义的时代。但听完讲解员的说明后，负责接待我们一行的朝鲜主体科学研究院的 K 氏提出异议，称儒教也有优点，并开始为儒教辩护。然后，女讲解员和 K 氏之间发生了一点争论。这两位应当都属于朝鲜知识分子中的精英，这次争论成为我思考朝鲜社会儒教传统问题的契机。

此外，我还听说在朝鲜一般不实行火葬而实行土葬，尽管政府似乎鼓励火葬。而且，据说政府还鼓励将现有的墓地迁到公墓，但少有响应者。主体科学研究院的某

---

① 译注：日文版为"李朝时代"，韩文版为"朝鲜时代"，中文版译文用"朝鲜时代"。

位人员也称，他们这一代人无所谓火葬，但其父辈对火化非常反感。听到这句话，我感受到朝鲜社会仍然根深蒂固地存留着儒教传统。

在朝鲜停留期间，我们一行人逐一拜访了位于平壤的天主教和新教教堂，得知天主教徒们仍然祭祀祖先。基督教传入朝鲜半岛是在18世纪后期，当时最大的问题是是否可以祭祖。当时儒生们强烈批判基督教，认为基督教教义比起对祖先的爱，更强调对神的爱，这种教诲与儒教的教诲从根本上是对立的。为此，虽然天主教在传入初期采取不允许祭祀祖先的态度，但后来逐渐改变并允许祭祀祖先。与之相反，19世纪末传入的新教一直不允许祭祖，这一点在韩国和朝鲜都是一样的。虽然朝鲜的基督教教徒数量非常有限，但从其中的天主教教徒仍然保留祖先祭祀这一点来看，可以推测非基督教教徒的祭祖也以某种形式普遍进行。

儒教传统在朝鲜的现状仍有很多不明确的地方，但可以看到儒教生活习俗仍然根深蒂固，且政权有时也会利用这一传统。因此可以说，儒教传统的问题不管在朝鲜半岛之南还是之北，都作为当下的课题留存下来。

作为历史产物的儒教传统

虽然儒教传统至今仍保存着顽强的生命力，但实际上，这种传统在朝鲜半岛形成的年代并不久远。规范日常生活的儒教礼法，到朝鲜时代后期的18—19世纪才在一般民众中普及。换言之，今日韩国所见的儒教传统，是在朝鲜半岛经历了很长一段时间才形成的。

儒教传入朝鲜半岛可以追溯到古代"三国时代"。据史书记载，三国中最早发展起来的高句丽在4世纪后期就设立太学，作为儒教教育机关。结束"三国时代"进入统一新罗时期后，统一新罗于682年设立了国学，788年设立选拔官吏的考试制度"读书三品科"，在考试中考察儒教经典知识。在统一新罗时期，到唐朝留学的人也很多，其中甚至出现了通过唐朝科举成为官僚的人。

到了继承统一新罗的高丽王朝时期，儒教作为官僚应具备的知识受到重视。958年，高丽王朝制定科举制度，在其中设置明经科以考查儒教经典知识；又在中央设国子监，在地方设乡学，作为儒教教育机构。中央的国子监于1304年改称成均馆。高丽王朝的国都开城位于今朝鲜境内，而位于开城的成均馆遗址现作为高丽博物馆使用。

图 1　位于朝鲜开城的成均馆遗址，其前身为高丽朝国子监
（现为高丽博物馆）

图 2　开城的善竹桥

反对李成桂建立新王朝的郑梦周在此被暗杀。

如上，从"三国时代"到高丽时代的历代王朝都对儒家采取了国家性的鼓励政策，这主要是因为儒教作为官僚阶层和知识分子的教养受到重视，在科举考试中相较于对儒教经典之精深内容的理解，汉文的写作能力更受重视。上至国王，下至平民，在日常生活方面具有压倒性影响力的则是佛教及风水思想（在朝鲜民族传统萨满教信仰的基础上加入道教因素），儒教礼法并没有支配日常生活。尤其是佛教，它在统一新罗、高丽两个王朝的统治下受到精心保护和鼓励，占据着国教地位。

儒教地位的变化是从14世纪朱子学被正式接受开始的。将中国宋代由朱子完善的新儒学（＝朱子学）传到朝鲜半岛的人，是在1290年赴元的安珦。朱子学与以前的儒教相比，更具哲学思辨性，而且是兼备政治思想论和人类修养论的体系化思想。随着朱子学传入朝鲜半岛，熟悉朱子学的新进官僚开始进入政界，他们强烈批判居于国教地位的佛教，试图改造国家体制，使其符合朱子学理念。而长期处于国家精心保护下的佛教，不仅已经丧失了创造性的发展能力，而且利用其特权地位获得了广阔的土地和众多的奴婢，引发了各种社会弊端，朱子学者针对这些方面进行了批判。

高丽自13世纪中叶以来的约一百年，处于中国元朝的统治之下，随着14世纪中叶元朝势力的衰弱，高丽开始频繁出现试图摆脱元朝统治的动向。中国建立明朝并将元朝势力击退到北方后，高丽内部出现亲明派和亲元派的对立局面，朱子学者加入了亲明派。亲明派的核心人物是作为武将崭露头角的李成桂，其周围聚集了许多朱子学者。

　　当时的朱子学者中，在对待高丽王朝的态度上存在着两种对立的潮流。一种是推进基于朱子学的体制改革，立志重建高丽王朝体制的潮流；另一种是主张高丽王朝的天命已尽，应根据朱子学理念建立新王朝的潮流。代表前一种潮流的是郑梦周，后者的代表人物则是郑道传。最终后者得势，1392年，李成桂即位成为国王，新的朝鲜王朝就此诞生。

　　郑梦周看到李成桂的力量日益强大，试图铲除李成桂，但以失败告终，反而在李成桂建朝前夕被李成桂之子李芳远（后来的第三代国王太宗）的门客杀害。他被杀害之处开城善竹桥位于成均馆旧址附近，至今仍留有纪念他的碑石。郑梦周即便在朝鲜，也作为不仕二朝的忠臣备受尊敬，后来在普及朱子学上发挥重要作用的士林派朱子学者们，将其学问渊源追溯至郑梦周。

随着高丽王朝的灭亡和朝鲜王朝的建立，朱子学取代佛教获得国教的地位。以郑道传为首的朱子学者们担任政府高官，以朱子学理念为基础，全力整顿国家体制。郑道传在《朝鲜经国典》一书中描绘了新国家应有的体制，其构想的基础来自儒教经典《周礼》。在15世纪后期完成并通行于朝鲜时代的基本法典《经国大典》，就继承了郑道传《朝鲜经国典》中的国家构想。

随着朝鲜王朝的建立，朱子学作为统治的基本理念受到重视，但值得注意的是，朝鲜社会的方方面面并没有立即发生朱子学化的转型。虽然国家的统治理念源自朱子学，但作为日常生活规范的朱子学的生根落地是很久以后的事情。儒教作为礼而深入社会是在18—19世纪，可以说，经过朝鲜王朝五百年，儒教才开始被全面接受。

本书的目的是阐明朝鲜时期儒教的渗透过程，同时考察其中形成的儒教传统。这两个问题的阐释，可以说与朝鲜半岛为何相比于日本、越南更加深入地接受儒教有所关联；换言之，这同时也是对朝鲜传统社会特征的理解。

第一章　两班——朱子学的主导者

何为两班

在韩国，主导接受朱子学的人，是被称为两班的阶层。因此，本书也将焦点放在两班这一阶层上。然而，所谓的两班究竟是指什么人，实际上是一个很难回答的问题。

这是社会人类学的中根千枝老师和我一同共事的时候发生的事情。有一天，在和中根老师一同乘坐电梯时，老师问我："两班的定义是什么？"一时词穷的我脑海中浮现出孩子们小时候常读的童话《森林那边有什么》中的最后一句"一言难尽啊"，并用这句话作了回答，这件事我至今还清楚地记得。这虽然是出于我的才疏学浅，但对于"两班是什么"的提问，回答起来却不是一件容易的事情。

现在我手头上的《民众精选韩日辞典》（[日]安田吉实、[韩]孙洛范共编，首尔：民众书林出版）中的"两班"词条有以下四个词义：

①【史】（身份）两班。

②【史】（东西班）东班（文官班列）和西班（武官班列）。

③ 有礼节且善良的人。

④ 妻子对他人指称自己的丈夫。

这四个语义中，②是两班最狭义的概念，其次是①。历史上较重要的是①、②两个概念，本书使用的两班主要是①。③在语气上近似于日语的敬称"～先生"，或接近"这位""那位"的"位"；④是与"我家丈夫"类似的用法。因此，用于③或④意思的"两班"不是历史用语，而已经普通名词化，是比①或②更广的概念。

"两班"的原意，是朝廷举行仪式时出席的现任官员的总称。在高丽时代和朝鲜时代，国王仿效中国历代王朝的皇帝，在仪式等场合朝南面对官僚，文官向着国王的右侧，即列于东侧，武官向着国王的左侧，列于西侧，这已成为惯例。"两班"中的"班"字是行列的意思，两班即是指两个行列，即文官所处的东班和武官所处的西班的总称。前面词典中第二项②即两班原有的概念。

"两班"语义的第二项②早在高丽时代就已开始使用，这个定义是非常明确的。但如果按照词典中"两班"的语义排列顺序，可知"两班"一词最重要的语义实际上是第一项①。然而，从①的意义上来定义两班是非常困难的。著名的朝鲜时代两班研究者、韩国圆光大学教授宋俊浩在名著《朝鲜社会史研究》（1987年，汉城：一潮阁）中，对两班定义的困难之处有如下阐述：

> 对于朝鲜时代作为特权阶层存在的两班，准确界定其概念是非常困难的。但可以明确的是，两班不是通过法律程序规定的阶层，而是通过社会习俗形成的阶层，因此两班和非两班的界限标准是相对而主观的。在讨论朝鲜时代社会阶层时，不能误以为这与中世纪欧洲或德川时期的日本的阶级制度相似，这是需要警惕的。例如，德川时期日本社会存

在的士、农、工、商的区别始终有着法律的强制性，但朝鲜时代的士、农、工、商（工、商例外）并非如此。

然而，如果因为两班和非两班的界定标准是相对的、主观的，就认为它是模糊不清的，那也是一种误解。实际上，两班的界定存在着非常明确的标准。只是这个基准不是成文的，并且不是任何时期、任何地区都可以适用的客观基准，而是根据所处情境的不同而设定的，也就是说，这是在某个特定地区的特定语境下，在相关人士的意识结构中所设定的主观的、相对的基准。（同书，第 37 页）

正如宋教授所言，作为社会阶层的两班，不是通过法制确定的，而是通过社会习俗形成的相对的、主观的阶层，但同时又是根据极其明确的标准划定的阶层。

作为社会阶层的两班

那么，要成为社会阶层的两班，需要具备怎样的资格呢？要思考这个问题，首先应将两班阶层分为两大类。第一类两班世代居住于都城首尔及其周边地区，第二类世代居住于地方农村地区。前者被称为在京两班或京班，后者则被称为在地两班或乡班。

两班阶层中，在京两班有许多属于名门的家系。他们世代居住在首尔及其周边地区，同时培养出了很多科举合格者，不少还担任了政府高层职务。朝鲜王朝的王族全州李氏、坡平尹氏、安东金氏、丰壤赵氏等就是如此。冠于李或尹等姓氏之前的"本贯"，指的是祖先的出生地。此外，即使是全州李氏或安东金氏等具有代表性的两班家系，也不是全部都属于在京两班阶层。拥有威望的在京两班，其实只是全州李氏和安东金氏中的特定支派，多数家系则是居住在农村地区的在地两班。

在京两班阶层内部虽然存在着中央政府权力变动所带来的势力消长，但他们的家系出身明确，而且世代官僚辈出，因此在社会上很容易就被归为两班身份这一特权阶层。与此相比，在地两班阶层的存在样态与在京两班阶层有很大不同，宋教授所指出的难以对两班阶层设定标准也主要指的是在地两班阶层。

那么，在地两班阶层是怎样的群体呢？是否属于在地两班，正如宋教授所说，是无法以放之四海而皆准的客观标准来判断的。不过，一般需要满足下列条件，才被视为在地两班。

（1）科举合格者，或即使科举不合格，也有当代的代表性著名学者被奉为祖先，而且与该祖先的系谱关系非常明确。

（2）几代人集体居住在同一个村落。这样的世代居住的地区被称为世居地，在世居地，一般由两班家族形成同族村落。

（3）保持两班的生活方式。所谓两班的生活方式，是指郑重祭祀祖先和接待客人（奉祭祀、接宾客），平时致力于学问，积累自我修养。

（4）世代通婚对象，即姻族中，有符合（1）—（3）条件的群体。

下面对各个条件再作一些补充说明。首先是科举合格者，科举分为文科、武科、杂科三种。文科选拔文官，武科选拔武官，杂科则是选拔具有特殊知识，例如医学、天文学、外语（汉语、日语等）等知识的考生而进行的考试。杂科合格者主要产生于被称为"中人"的阶层，他们在社会身份上处于两班和良人中间。要想成为两班阶层，必须拥有文科或武科合格者的直系祖先。而且，文科合格者更受重视，而武科合格者的社会地位较低。

文科考试三年进行一次，每次的合格者只有三十三名，有着很高的门槛。另外，除了三年举行一次的文科考试（称为式年文科）外，还有以各种名义举行的临时文科考试。越是到朝鲜王朝后期，临时文科就举行得越频繁。

　　正如条件（1）所言，即使不是科举合格者，祖先是著名学者的一族也可以成为两班，这一点值得关注。朝鲜时期，有些人虽然学习儒教并有很深的造诣，但并不参加科举。这些人一般被称为山林，山林中尤其是著名的学者，拥有与文科合格者相当的社会地位。

　　关于条件（2），要注意的是，是否是在地两班并不是以个人为单位决定的，而是必须以特定的血缘集团为单位决定。也就是说，离开世居地单独居住的家族和个人，无论其祖先有多显赫，在其居住地是不可能被社会视为在地两班的。如后文所述，在韩国的聚落中，至少有五分之一是同族聚落，而同族聚落中，大部分是由属于在地两班层的同族集团形成的。之所以出现这种现象，是因为在地两班阶层只有作为同族集团存在，才更容易获得社会的认可。

　　条件（4）中的姻亲关系也是衡量两班阶层生活方式

的重要问题。两班在原则上只与两班通婚，但即使同为两班阶层，不同的家族也存在着"格"，即等级差异。上到全国有名的在地两班家族，下至只在地方上得到社会认可的以居住地为中心的在地两班家族，两班群体内部存在着几种格。这种两班的格式被称为"班格"，在建立婚姻关系时，选择同一个班格的两班群体是最理想的。一个家族的社会地位同与什么样的家系建立姻戚关系密切相关。因此，处于下级班格的家族趋向于与上级班格的家族结成姻戚关系。相反，也有上级班格的家庭与经济富裕的下级班格联姻的情况。姻亲关系既加强了两班阶层身份的封闭性，同时也成为两班阶层内部班格得以流动的契机。

如果完全满足上述四点条件，就足以被社会认可为在地两班。但实际上，这样的集团并不多，所以对是否为在地两班的判断也会根据情况而变动。

在地两班阶层的定义之所以如此困难，与该阶层的形成不是由国家主导、通过国家政策实现有关。换句话说，在地两班阶层的形成是一种社会性的运动，其形成需要很长的岁月。这个过程中重要的一环，即两班阶层（尤其是在地两班阶层）在农村地区广泛的、社会性的形成。在京两班阶层虽然居住在首尔及其周边地区，掌握了国家的核心权力，但从整个社会来看，只不过是少数特权集团而已。

为了考察朝鲜传统社会的种种特征，将焦点放在全国广泛分布的在地两班阶层是非常重要的。序言中提到的儒教传统和家族、亲属制度的存在方式等问题，也与在地两班阶层的形成密不可分。

在地两班阶层的形成是朝鲜传统社会的一大特征，与同时期的中国和日本相比，可以明确地看到这一点。朝鲜时期的两班阶层是统治精英，这一点与中国明清时期的士大夫阶层和近世日本的武士阶层是相似的。然而，士大夫阶层从明清时代开始逐渐从乡居（居住在农村）转变为城居（居住在城市）；日本的武士阶层也是一样，中世居住在农村的武士们在近世逐渐移居到城下町。在地两班阶层与之相反，如字面所述，他们居住在农村地区，在社会上也具有举足轻重的地位，对朝鲜传统社会的形态具有决定性的影响。从居住在农村这一点来看，在地两班阶层说不定更适合与英国的乡绅（Gentry）阶层相比较。

由于成为两班阶层的条件并不是制度性的和客观的，

所以最后还想谈一谈两班趋向化的问题。两班并不是一种绝对的生而得之的身份，而且不存在成为两班的客观标准，所以必然会出现从下级阶层上升到两班阶层的动向。这种两班趋向现象源于两班（特别是在地两班）的存在方式，是思考朝鲜王朝后期社会变动的极其重要的问题。本书在第八章中将探讨这个问题。

第二章　在地两班阶层的形成过程

关于安东权氏

为了具体展现在地两班阶层的形成过程，下文将以安东权氏同族集团的权橃一族为例。在介绍权橃一族之前，首先对安东权氏进行说明。

"权"是安东权氏家族共同的姓氏。在韩国人的姓中，单个汉字的姓氏占绝大多数，其中也有像"南宫"或"皇甫"一样，由两个汉字组成的姓氏（复姓）。根据1985年韩国实施的人口普查报告，韩国现有275种姓氏。与日本人的姓氏数量相比，这是个很小的数字。在275种姓氏中，权姓是人口数排第十五的大姓。截至1985年，韩国有567 990人以权为姓；顺便一提，韩国姓氏人口数量前三分别是金（8 785 341 名）、李（5 985 056名）、朴（3 435 858 名）；韩国总人口数为 40 419 652 名，相当于每 4.6 名韩国人中就有 1 名姓金，而仅前 3 位的姓氏就约占总人口的 45%。

缀于"权氏"前面的"安东"是地名，表示祖先的出生地。这被称为"本贯"，有时也简称为"本"。如果只是同样姓权，并不能视为同族，只有本贯也相同才能视为同族。权氏根据本贯不同，分为 11 个集团，其中安东权氏共有 558 793 名，占权姓人口的绝大多数。数量次于安东权氏的是醴泉权氏，其以位于安东西部的醴泉为本贯，有 5 275 人属这一家族。

"同姓同本"，即姓氏和籍贯相同的集团，被称为同族集团。同族之间不能通婚。不过，姓氏相同而籍贯不同（同姓异本）几乎不规避通婚，安东权氏与醴泉权氏通婚便时常发生。根据 1985 年人口普查，韩国有3 349 个同姓同本的集团，平均 1 个姓就可分为 12 个异本集团。金海金氏是最大的同姓同本集团，人口数量为3 767 065 名，在韩国人中，几乎每 11 个人就有 1 人是金海金氏。

虽然原则上同姓同本不允许通婚，但也存在例外。

例如，在江陵崔氏中，有以崔立之为始祖的集团和以崔文汉为始祖的集团。这两个集团虽然同姓同本，但并不被视为同族。南阳洪氏也包括两个非同族集团。此外，安东张氏和仁同张氏虽然是同姓异本，但由于早先的祖先是同一人物，因此这两个集团仍避免通婚。

以上是关于同族集团的说明，任何一个同族集团都以某一人物为其共同祖先，该人物被称为始祖。安东权氏，即是以权幸为始祖的同族集团。

安东权氏的始祖权幸，其事迹在史书中有如下记载。930 年，朝鲜半岛处于统一新罗王朝的支配力量日益衰弱，新罗、高丽、后百济三国鼎立的"后三国时代"，高丽和后百济为统一半岛，在古昌（安东的古名）决一死战。当时，权幸支持高丽王朝创建者王建，并尽力协助高丽获胜。权幸因为有功，被王建赐予权姓，还被授予"大相"称号。与权幸共同协助王建的两名安东地方的人物——金宣平和张吉，也分别获得"大匡"和"大相"的称号，并分别成为安东金氏和安东张氏的始祖。这三名始祖至今仍被供奉在安东市内的三太师庙中。

权幸和金宣平被认为是安东当地有权势者阶层的一员，张吉则据传是来自中国的人物。权幸和金宣平的子孙，在高丽时代一直作为负责统治安东地方的势力，拥有强大的力量。高丽时代，担负地方统治的当地有权势者被称为"吏族"，安东权氏和安东金氏就是安东具代表性的吏族。与之相比，安东张氏虽然也成了吏族集团的一部分，但其势力似乎并不强大。正如其始祖传承所示，安东张氏在安东当地的基础似乎较其他两个姓氏更为薄弱。

更值得关注的问题是，权幸为何成为安东权氏的始祖？权幸当然有自己的父亲，沿着其父系血统，还可追溯到其祖父、曾祖父等，然而安东权氏并没有将血统追溯到权幸的先代，而是将权幸当作始祖，这其中必然有什么特别的理由。从权幸的情况来看，他是首位被赐予权姓的人，所以这可能是其被视为始祖的原因；然而从金善平和张吉的情况来看，却无法确认他们有被赐姓之事。因此，仅凭赐姓一事，权幸不见得就能成为安东权氏的始祖。反而应当认为，权幸协助王建一统高丽江山并被王建赐予"大相"称号这一事实，才是他被视为始祖的真正原因。

正如权幸的例子所示，被认为是同族集团始祖的人物，一般都是具有显赫功绩的人物。这意味着，同族集团与其说是生物学意义上的集团，倒不如说是社会性的集团。其子孙后代为了展示自己的社会威望，通过将有显赫功绩的人物作为始祖，形成其同族集团。因此，始祖以上的先代即便与同族集团有着生物学上的联系，但对其形成却没有任何意义。

既然说同族集团是社会性集团，就意味着它同时也是历史的产物。以安东权氏为例，其同族集团并不是在始祖权幸的时代形成的，而是在权幸之后几代才形成。根据安东权氏最古老的族谱《安东权氏成化谱》(参照第七章之"族谱形式的变化")，权幸之后的安东权氏谱系如图4所示。直到从权幸算起第九代的权仲时一代，同一世代中才出现多名人物。从权幸到权利舆，每一世代都仅有一名男子，这在现实中是不可能发生的。这意味着，安东权氏这一同族集团的形成，应始于权仲时一代，或稍晚于权仲时的世代。可以推测，在权仲时或与其邻近的世代中，出现了出人头地的人物，该人物为了夸耀自己的出身，构建了以权幸为始祖的同族集团。正因为如此，在权幸至权利舆的世代中，即使存在着未记载于图4中的男子，也没有留下其记录。

如果同族集团不是单纯由父系出身维系的、生物学

28

图3 安东市内的三太师庙

安东金氏、安东权氏、安东张氏于此祭祀。

权幸（始祖）—— 仁幸 —— 册 —— 均汉 —— 子彭 —— 先盖 —— 廉

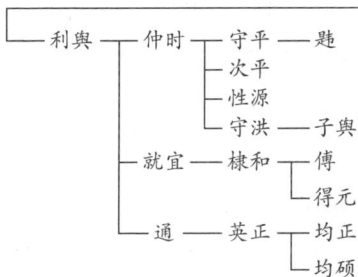

```
└─ 利舆 ─┬─ 仲时 ─┬─ 守平 ── 毽
         │         ├─ 次平
         │         ├─ 性源
         │         └─ 守洪 ── 子舆
         ├─ 就宜 ── 棣和 ─┬─ 傅
         │                 └─ 得元
         └─ 通 ── 英正 ─┬─ 均正
                        └─ 均硕
```

图4 安东权氏世系图

或自然的血缘集团，而是社会的、历史的产物，那么推进同族集团形成的势力又是什么呢？这个势力正是两班阶层。换言之，当两班阶层在社会上形成时，他们为了向社会炫耀自己的血统，建立了同族集团。以安东权氏为例，权仲时的长子权守平就任枢密副使这一中央政府的高级官职，这意味着权守平从其出身的吏族阶层上升为两班。安东权氏的同族结合，很可能就始于权守平一代。

入乡祖：权樀

权守平升任枢密副使后，安东权氏中又有多人成为高丽王朝中央政府官僚，出现了两班化的现象。特别是权守平的曾孙权溥（1262—1346），他官至宰相，五个儿子也被封为"君"，在中央政界构筑了坚实的势力。权溥曾建议刊行朱子的《四书集注》，被誉为朝鲜性理学（朱子学）最早的倡导者。权溥的曾孙权近（1352—1409）也是著名的朱子学者，与郑道传等人一同在朝鲜王朝的建朝中发挥了重要作用。权守平之弟权守洪的后代中，也渐渐出现了进入中央官场的人物。安东权氏作为中央的势族的地位，逐步得到巩固。

就这样，作为安东吏族的安东权氏，在高丽王朝中期以后出现了两班化的家系，需要注意的是，高丽时代，两班化的家系将其居住地迁移到都城开城及其周边地区，与出生地安东的关系也随之淡化。如果按照前文说明的两班阶层概念，这其实是"在京两班化"，与在地两班阶层的形成并没有直接联系。在安东权氏中，没有在京两班化的家系则一直处于安东吏族的地位，而这些家系在进入朝鲜王朝之后，才开始形成在地两班阶层。这里列举的权橃一族的例子，是在地两班形成的典型事例之一。

权橃生于1478年，为权士彬次子，其出生地位于其母出生的安东府北部的道村里（现安东郡北后面道村洞①）。权橃的祖先是前文提到的权守洪，从权守洪到权橃的世系图如图5所示。其父权士彬、祖父权琨均居于安东，从未担任过中央官职。不过，1478年成立的安东当地有权势者的组织"安东友乡稧"（参照第六章之"乡案、乡所、乡约"），其成员中出现了权琨的名字，由此可见，其家族是安东有权势者阶层中的一员。权橃的母

—————————

① 译者注：本书所括所谓现地名，均为日文首版1995年时地名。

亲是尹塘的女儿，而尹塘是在中央政界拥有强大势力的人物。这一母系纽带，对后来权橃的官场生活产生了重大影响。

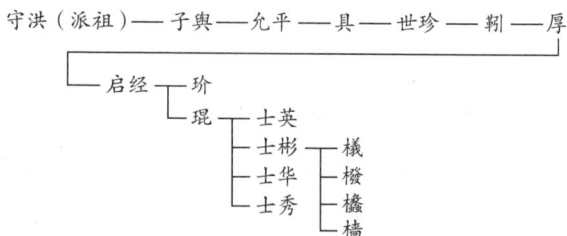

```
守洪（派祖）——子舆——允平——具——世珍——靲——厚
         ┌─启经┬珨
         │    └琨──士英
         │       士彬──橃
         │       士华──橃
         │       士秀──櫵
         │             橋
```

图5　安东权氏仆射公派世系图

权橃自幼聪明，曾有过这么一段逸话：权橃十岁时，在与叔父权士秀的旅行途中，看到雁群飞翔，便脱口吟出"人北去，雁南飞"，令权士秀感慨万分。他在1496年通过了科举初试的司马试。司马试根据应试科目不同，分为进士试和生员试两种，权橃通过的是生员试。在二十二岁那年，他与庆尚道金陵郡的地方有势者崔世演之女结婚，婚后生下二男一女。

1504年，权橃文科及第，通过了科举的最终考试，然而因答卷上使用了"处"字，被取消录取资格。当时的国王是燕山君，他曾经对劝谏其暴行的金处善处以拔舌之刑。此事之后，燕山君下令禁止使用"处""善"二字，权橃的答卷却触犯了这一禁令。权橃是明知该禁令，出于对燕山君暴行的抗议而执意使用"处"字，还是无意误用，目前尚不明晰，但从他后来表现的刚直品格来看，真相更有可能是前者。

燕山君的暴政在此事件中可见一斑，他于1506年因政变被逐下王位，此后中宗即位。这场政变被称为"中宗反正"。权橃母亲的兄长，即其舅尹汝弼，成为参加"中宗反正"的功臣，尹汝弼之女成为中宗的妃子（章敬王后），在中央政界获得强大的力量。朝鲜王朝的历代国王中，燕山君和17世纪的光海君都因政变被剥夺王位。因此，两人的谥号（死后被授予的名号）都只称"君"。

中央政界这一动向或许也影响了权橃。权橃于1507年文科及第，开始步入官僚之路。一开始，他的官场生活似乎十分顺利，这可能是得益于其母系一族尹氏的影响力。从他的经历来看，他陆续担任了当时统称为"三司"的司谏院、司宪府、弘文馆的职位。三司的官员被称为"言官"，其职责是对政策和人事自由地发表意见。言官的职位由学识渊博者担任，被任命为言官是莫大的荣誉。1519年，国王将朱子的《近思录》赐予权橃，《近思录》是权橃常常阅读的书籍。国王赐予的书籍被称为

"宣赐本"，这本宣赐本《近思录》至今仍由权橃的宗孙家收藏。

中宗时期（1506—1544），在中央政界，以赵光祖为中心的新进官僚为实现基于朱子学理念的德治政治，积极推进改革。以赵光祖为代表的新进势力被称为"士林派"，与之对立的是被称为"勋旧派"的势力。勋旧派由朝鲜王朝建国功臣的后代以及在15世纪因滥发功臣称号而成为功臣的人物的家族组成，在当时是掌控中央政界的势力。士林派为了铲除勋旧派的不正之风和腐败行为，为实现清廉的道德政治，从15世纪后半开始进入中央政界。因此，勋旧派和士林派之间的矛盾日益激化，15世纪后半叶以后又再次发生镇压士林派的事件。这些镇压士林派的事件被称为"士祸"。

中宗时期以赵光祖为中心的士林派的改革事业，因其激进性而遭到反对，最终士林派在1519年遭遇了肃清，史称"己卯士祸"。权橃的政治立场虽说与士林派存有共鸣，但反对其激进性。权橃担忧中央政界两派对立加剧，因此在"己卯士祸"爆发之前，就申请赴任地方官并得到允许。在赴任之际，权橃还向士林派少壮派官员表示自己的担忧，认为其对改革操之过急。虽然权橃的立场与士林派存有差异，但"己卯士祸"爆发后，权橃也被逮捕。不过，由于权橃与士林派保持距离，最终侥幸免于服罪，仅被免去官职并被下令归乡。当时权橃已是四十二岁。

回到出生故乡的权橃，次年在距离道村里十公里左右的安东府奈城县酉谷（现奉化郡奉化邑酉谷洞）建造居所。酉谷这个地名在韩语中音读为유곡，现在的行政名称也使用유곡，训读则为닭실，至今也有许多当地人将其读为닭实。닭실是"鸡谷"的意思，因当地山形如鸡抱卵，酉谷位于山麓，由此得名。酉谷是权橃的子孙后代居住至今的地方，即所谓的"世居地"。

暂时从官界隐退的权橃，于1533年复职。此后，他再度顺利晋升，官至议政府右赞成（从一品官）的高位。议政府右赞成是仅次于宰相级别的三议政（领议政和左、右议政）的高位，用现在的话来说，相当于副总理。权橃在1539年作为"宗系奏请使"前往明朝。他当时的任务，是请求明朝订正将李成桂写为高丽权臣李仁任后代的记录。次年，权橃顺利完成任务回国，被国王授予田地和奴婢。

权橃虽然作为出生于地方的人物升上极高的地位，

其结局却是悲剧性的。正如前文所述，虽然权橃在官场上崭露头角得益于母家尹氏的势力，但中央政界围绕尹氏产生的对立，却使权橃再度失势。尹汝弼之子尹任是王妃（章敬王后，中宗第二个妃子）之兄，在政界拥有强大的力量，而中宗第三个王妃（文定王后）之弟尹元衡，与尹任围绕中宗王位的继承问题形成了尖锐的矛盾。章敬王后所生的中宗长子，理应作为世子继任下一任国王，而尹元衡则谋划企图使其姐文定王后所生的庆源大君继承王位。

1544年中宗去世后，世子按原定计划即位（仁宗），尹任似乎取得了胜利，但仁宗在即位后不到一年即因病将王位让给庆源大君，随即去世。庆源大君即位（明宗）后，开始肃清尹任一派，尹任被赐死。权橃也再次被命令返乡并剥夺官职。如果仅是受此处置，权橃估计会在酉谷度过晚年，然而1547年又发生了一起重大事件，即"良才驿壁书"事件。

良才位于今首尔市区，在当时是汉城往南第一个驿的所在地，"驿"是官员们旅行时使用的住宿设施。1547年九月某日，在良才驿的墙上发现了贴着谴责文定王后和权臣李芑等人的文章。虽然该壁书的内容立即被报告给了中央政府，但出现如此不妥的壁书，显然是因为对尹任一派的清洗不够彻底。以此为契机，很多人受到处罚。权橃也被连坐，被判以流配之刑。此次"良才驿壁书"事件，也可能是尹元衡方为排除尹任一派所策划的构陷事件。

权橃最初被流放到全罗道的求礼，后来流放地变更为北方的平安道泰川。从安东到泰川有七百公里左右的路程，对于七十岁的权橃来说，这无疑是一段艰难的旅程。在出发之际，权橃寄给长男权东辅如下文章：

> 昔范忠宣，七十之年，有万里之行。汝父罪大，此亦宽典，汝勿恨焉。且勿以我故而自沮也。四十年蒙被国恩，负罪至此，报答无日。死即薄葬，可也。(《寄东辅》,《冲斋先生文集》卷一)

在前往泰川的途中，权橃的流配地又变为更远的朔州。次年1548年，权橃死于朔州，享年七十一岁。

权橃的尸身被运回酉谷，至今仍长眠于酉谷之地。其文集有《冲斋先生文集》，全九卷，其中收录了他的日记，其日记详细记载了他在官场生活中每日发生之事。

这部日记只记载了权橃的公事活动，与第五章介绍的吴希文《琐尾录》等相比，内容较为枯燥乏味，然而在编纂中宗朝的记录《中宗实录》时，这部日记成了重要的参考史料。

酉谷权氏的形成

如上文所见，权橃的一生波澜起伏。他与正妻生下二男一女，与妾妻生下二男二女。权橃子孙的世系图如图 6 所示。

权橃的长子权东辅生于 1518 年，也就是说，权橃到四十岁才有了嫡子。权东辅于 1543 年通过科举考试的初试司马试，但恰逢父亲流配和去世的悲剧，便毅然断了科举的念头，一心要为父亲洗刷罪名。在他的努力和安东出身的两班们的支持下，朝廷 1567 年恢复了权橃的官爵，翌年追赠权橃议政府左议政（正一品官）。1572 年，当时的国王宣祖又赐予权橃"忠定"的谥号。谥号只授予具有显赫功绩的官僚或杰出的学者，所以权橃的名誉在此时已经完全恢复。其谥号为"忠定"，"忠"字意为侍奉国王，为王尽节；"定"字意为行为端正，不偏不倚。

权橃恢复名誉后的 1588 年，在权东辅养子权来的岳父金功的主持下，酉谷地区建立了供奉权橃的忠定公祠。忠定公祠后来升格为书院，被称为"三溪书院"。1660年，国王显宗赐予三溪书院匾额，使其成为赐额书院。

书院是供奉优秀儒学家、教育两班子弟的机构。16—18世纪，朝鲜全国大肆兴建书院。其中，被国王赐予写有书院名称的匾额的赐额书院，有着极高的权威。因此，供奉权橃的三溪书院得以建成并得到赐额，不仅意味着权橃的名誉恢复，也意味着其子孙在安东地区作为一流的在地两班的地位得到认可。三溪书院在19世纪后期，因著名的兴宣大院君李昰应的书院撤废政策被拆除，又于1960年重修。

也许算是题外话，放弃文科应试、为恢复父亲名誉而奔波的权东辅，在丰臣秀吉的侵朝战争，即"壬辰倭乱"爆发的1592年，没能留下嫡子便去世了，只能把弟弟权东美的次子权来收为养子以继承其家系。权来之后的权橃一族世系图如图6所示，这个世系图有几个值得注意的地方。

首先，图6中出现的权橃的子孙中，有4名文科合格者，算上没有在图6中出现的更往后的子孙，权橃的直系子孙中共有18名文科合格者。此外，虽然没有文科

橙 → 东辅（草溪郡守）→ 来（系，军资监正）
- 尚忠（赠执仪）
  - 霂 → 斗枢、斗寅、斗春、斗应
  - 馨 → 斗元
  - 霑 → 斗寿
- 世忠
  - 霆 → 斗运、斗建、斗徽（文科，赠承政院注书）
  - 霏 → 斗光、斗望、斗山
  - 霈 → 斗极、斗岳
- 硕忠
  - 濡 → 斗经（文科，弘文馆修撰）
    - 斗纪（文科，司谏院正言）
    - 斗纮（文科，承文副正）

东美（龙宫县监）→ 采（义兴县监）
- 尚贤
  - 轼（无后）
  - 涉（系）→ 斗翼、斗杓、斗章、斗汉
- 尚信
  - 济 → 斗见
  - 涉（出）
  - 澃 → 斗奎、斗璧
- 尚节
  - 澄 → 斗明（系）
  - 滋 → 斗山
  - 洽 → 斗明（出）、斗晶
- 来（出）
- 集 → 尚贤（无后）
- 柴（无后）

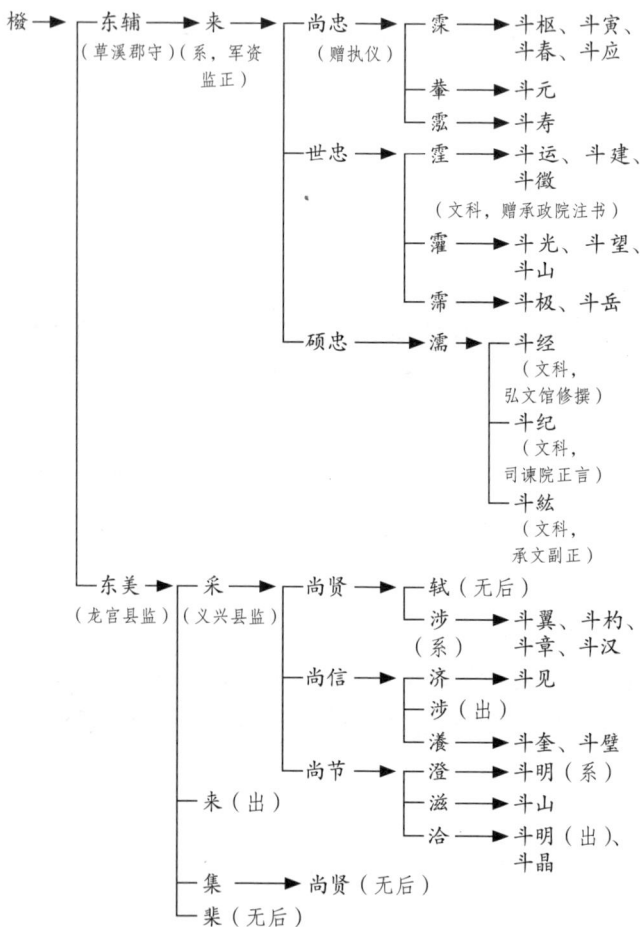

图6 权橙家门世系图

注：括号中的系是指入养子，出是指出养子。

40

及第，但另外还有 39 人通过前一阶段的司马试。由此可见，权橃的后代中不仅出现了很多进修学问、志在科举的人，还出现多达 18 名的文科合格者。这一成就也使权橃一族能长时间在安东地方维持着代表性在地两班的地位，直至朝鲜王朝末期。

虽然权橃的子孙中出现了多名文科合格者，但其宗孙，即代代相传的长男一系，却未出现一名科举合格者。这种现象初看可能有些奇怪，但这并不仅限于权橃家族，而是非常普遍的现象。因为越是著名的家族，宗孙们就越是忙于祭祀祖先、与族人或两班阶层的交际而不得不牺牲个人的生活。因此宗孙是同族结合的象征性存在，而立身出人头地之人往往来自宗孙以外的旁系。

图 6 中另一个值得注意的地方是子孙取名字的方式。朝鲜和中国一样，在同一同族集团内，同一世代的男性在取名字时，都会使用某一个相同的字。这样的字在中国被称为"辈行字"，在朝鲜则被称为"行列字"。

在权橃的子孙中，权东辅、权东美兄弟就以"东"字为行列字。其下一代则以"木"为行列字，权东美的四个儿子的名字都使用了包含"木"字的汉字。然而再到下一代，权东辅养子权来的儿子们以"忠"字为行列

图 7　酉谷权氏的宗孙宅

图 8　与酉谷权氏有关的青岩亭

这样的亭子也是两班交游的场所。

字，而权东美的孙子们则以"尚"字为行列字。也就是说，到了权橃的曾孙一代，就不再使用共同的行列字，这意味着同族意识有所减弱。

非常有趣的一点是，到了权尚忠的孙辈，即从权橃算起的第六代，行列字再度登场，包含权东美子孙在内的后代使用共同的行列字"斗"。由此可知，在权尚忠的世代曾一度弱化的同族结合，到了权斗枢的世代又再次得到加强。

一般来说，使用行列字的范围，朝鲜王朝前期仅限于兄弟之间或四寸兄弟之间。在朝鲜用"寸"来计算血缘关系的远近，相当于日语中的"亲等"。亲兄弟为"二寸"，堂或表兄弟则为"四寸"。权橃一族，直到权来一代，行列字都只在二寸或四寸的范围内使用。但到了同族结合强化的朝鲜王朝后期，则出现了比前期适用范围更广的行列字。以权橃一族为例，在权斗枢一代，行列字的范围扩大到了十寸。而且从这一代开始，权橃的子孙每一代都使用共同的行列字。

正如上一章所述，被社会认可为在地两班，不仅需要有著名官僚或学者作为祖先，还需要在世居地维持两班的生活方式。同时，为了维持在地两班的威势，还必须形成同族集团并强化同族间的结合。权橃一族，其子孙并不能仅凭权橃出仕高官这一事实就自动地被视为在地两班。只有当其历代子孙世代居住于酉谷，并不断培养出科举合格者之后，才开始作为在地两班得到社会认可。从行列字适用范围的变化来看，权橃的子孙到权斗枢一代才强化了同族结合，同时奠定其作为在地两班阶层的坚实地位。

作为同族集团的安东权氏大致分为十四派，权橃一族属于"仆射公派"，以前文介绍过的权守平之弟守洪为派祖。然而，属于仆射公派的子孙并非都是两班阶层。和权橃一族一样，他们必须满足多个条件才能获得在地两班的地位。权橃的后代被称为酉谷权氏，酉谷权氏这一称号正象征其作为在地两班的社会认知。

酉谷权氏是在安东权氏仆射公派中，以权橃为祖先并以酉谷为世居地的一族，其一族成员被公认为两班阶层。酉谷权氏在权斗枢一代，即17世纪后期才得以形成，此时距权橃去世已有一百多年。

酉谷曾是权橃家族的世居地，至今仍有权橃的宗孙宅。酉谷位于现在奉化郡中心的奉化邑。从荣州出发，从中央线分岔到开往东海岸江陵的岭东线，在奉化站下车，乘坐 5 分钟左右的出租车即可到达宗孙宅。其周围散布着三溪书院、青岩亭等与权橃相关的建筑，是该地区的旅游胜地。

在地两班阶层的成立

以上，我们以权橃家族为例，具体考察了在地两班的形成过程，而 15—17 世纪也是在地两班阶层广泛形成的时期。下文简单介绍权橃家族以外的几个例子，叙述在地两班阶层作为一个阶层的确立。

权橃之兄权橪一族也在同一时期步入在地两班之路。权橪并没有像其弟权橃那样进入中央政界，只通过了司马试并担任过地方官。权橪和权橃一样成长于母亲生家所在的道村里，后来则定居在位于安东西边的醴泉郡渚谷，其历代子孙也在此生活。

权橪有七个嫡子，长男权审己居住在父亲出生的道村，次子权审言则以渚谷为世居地。权审言没有通过科举，只是像父亲一样担任过地方官。权审言有四位嫡子，次子权旭的名声为确立其一族在地两班的地位作出了重要贡献。权旭通过司马试后便前往京城，在汉城以学问闻名，吸引众多弟子慕名前来。不过，权旭在得知其父权审言卧病在床的消息后，放弃了科业，回到家乡渚谷。1592年"壬辰倭乱"爆发，权旭作为义兵将领，活跃于抗击日本的战斗中。他的妻子是安东具代表性的在地两班、著名的义城金氏川前派的金明一之女，这一婚姻关系可能也有利于其一族地位的提升。

权旭死后被供奉于醴泉的凤山书院。凤山书院本是为了供奉醴泉出身的权五福（他属于醴泉权氏，与安东权氏不是同族）而建立的，在这时也追祀权旭。这意味着权旭作为醴泉地区两班的地位得到公认，而权审言的后代则作为渚谷权氏，确立了在地两班的地位。其子孙中也产生了数名科举合格者。此外，供奉权旭的凤山书院中，还供奉着权橃、权橃兄弟的幼弟权樯。权樯也是文科合格者，居住于醴泉。

渚谷权氏与前面的酉谷权氏相比，在两班的班格上稍低一等。这可能是因为其直系祖先中没有像权橃那样的著名人物。即使同为在地两班阶层，其内部也存在诸如班格的等级差异。

权旭的岳父金明一所属的义城金氏川前派，也是在地两班形成的典型案例之一。义城金氏的本贯是安东南边的义城，和安东权氏一样属于义城的吏族阶层。这一族在高丽时代也产生了取得中央官职并两班化的家系，而移居到川前金氏的世居地安东川前里，则是在金明一兄弟的曾祖父金万谨一代。金万谨之父金汉启科举及第，担任中央的高官，但在1455年世祖通过政变成为第七代国王后，他辞职移居安东。此后，金万谨决定在妻子出生地川前里居住，川前金氏至此发端。金万谨没有官职，其子金礼范也只任武官职。金礼范之子金琎只通过了司马试，虽然没能取得官职，其子女却得以飞黄腾达。

金琎有六个嫡子，其中长子金克一、四子金诚一、五子金复一三兄弟通过了文科。金诚一作为退溪李滉的弟子，升任由优秀学者担任的官职弘文馆副提学（正三品堂上官），死后被授予"文忠"谥号。金诚一兄弟的出现，是川前金氏得以成为著名在地两班的决定性契机。

从前文介绍的安东权氏的权橃、权橃一族以及川前金氏的例子中可以看出，在地两班阶层作为一种社会阶层，在15世纪到17世纪广泛形成。这绝不是个别家系偶然发生的现象，而是一种广泛的社会运动现象。从在地两班阶层的形成过程来看，酉谷权氏或川前金氏的前身皆为高丽时期当地的吏族势力，形成"吏族→中央官

图 9　义城金氏宗家

僚→世居地定居"的路线。也就是说，在地两班阶层的形成，即是在吏族势力中分化出在地两班阶层的过程，而实现这一分化的关键，就是家族中必须要有人进入中央政府担任高位的一次经历。

那么，在15—17世纪，在地两班阶层同时形成的原因是什么？这一现象又如何与朝鲜社会的变迁联系起来？随着在地两班阶层的形成，朝鲜社会又发生了怎样的变化？下文将进一步探讨这些问题。

第三章　在地两班阶层的经济基础

分财记

从安东权氏权橃一族的例子可以看到，15 世纪到 17 世纪，在地两班阶层广泛形成，而这些在地两班阶层形成的经济基础何在呢？让我们以酉谷权氏为例来思考这个问题。

体现两班阶层经济实力的最重要的资料，是被称为"分财记"的财产继承文书。分财记长期以来一直为两班家所私藏，在过去的十多年里，随着调查和资料公开取得飞跃性进展，我们可以相当详细地了解两班阶层的经济基础。其中，韩国岭南大学李树健教授主持的、对庆尚北道地方两班家族所藏文书的调查具有划时代的意义，其成果以"庆北地方古文书集成"为题出版〔1981年，大邱：（韩国）岭南大学出版社〕。

继李树健教授的调查之后，其他地方也开展了类似的调查，两班家族的文书陆续刊行。宗孙家保存下来的权橹一族的分财记共有九种，皆收录在《庆北地方古文书集成》中。

首先对分财记这一资料进行简要的说明。分财记是进行财产继承时制作的文书，根据其制作目的和制作时期的不同，可以分为性质和样式不同的三种类型。

（一）许与文记

这是被继承人（父母）将财产分给继承人子女时制作的文书，父亲在世时由父亲主持财产分割，如果父亲去世而母亲在世则由母亲主持。许与文记又称"衿给文记"。内容分为序、本文、署名三个部分，下面说明的和会文记和别给文记都遵照这一格式。"序"的部分首先写明制作文书的年、月、日，接着写明分财的原因（死期将近等）和分财原则，如果进行与法律规定不同的特殊分财，还会记载其理由和具体内容。此外，序还包括给子孙后代的教诲。

"本文"是记载分财内容的最重要部分，记录给予每个继承人的财产明细。一般来说，用于祭祀双亲和祖先的费用与每个人分得的份额区分开，这部分称为"奉祀条"。在最后的署名部分，被继承人和继承人连署，庶子女（妾的儿子、女儿）通常不署名。惯例上，嫡子女（正妻的儿子、女儿）署名时，儿子由本人署名，女儿由女婿署名；但如果儿子或女婿死亡，则由其妻子署名；如果妻子也去世了，则由孙子署名。

（二）和会文记

这是双亲去世后制作的财产继承文书，通常在三年丧期结束后，继承人聚集在一起制作。虽然形式与许与文记相同，但在序的部分，许与文记通常包含对子孙的教诲，和会文记则将这一部分替换为子女们表明遵守双亲教诲的决心。署名部分只有继承人联署。

无论是许与文记还是和会文记，原则上都是按照继承的嫡子女的数量，制作数件同一内容的文书，也有一些文书记载了其制作的份数及序列号。

（三）别给文记

别给文记是父亲或母亲在世时，为了将部分财产特别给予特定子女或孙辈以及本来没有继承资格的近亲而制作的文书。序的部分注明特别给予财产的理由，除被

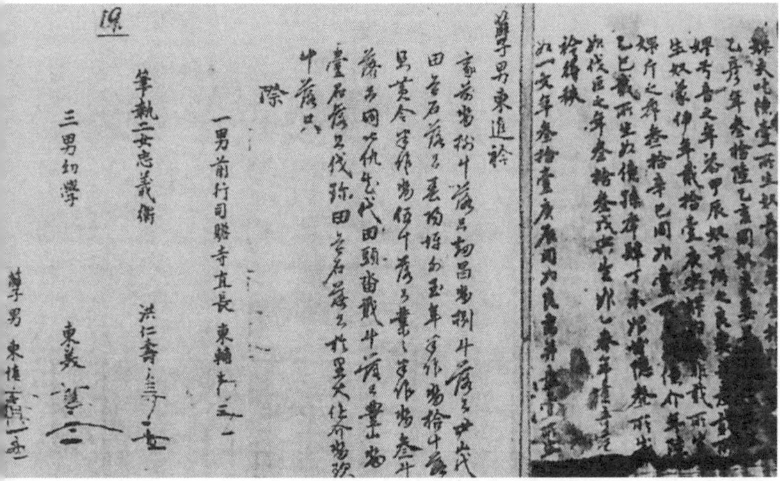

图 10 权橃宗孙家保存的和会文记

由权橃之子权东辅等人于明宗五年（1550）制作。

53

继承人、继承人外，还需要第三者的署名。别给文记在分财记中数量最多，但只体现了部分财产，因此与许与文记、和会文记相比，史料价值较低。

现在权橃宗孙家所藏的九种分财记的被继承人、继承人如图 11 所示。分财记的序号是按照制作年代按从古到今的顺序确定的。下面简单介绍一下各种分财记。

（1）由于文书开头部分缺失，其准确的制作年代不详，根据李树健教授的推测，该文书制作于 1470—1494 年之间。在九种分财记中，这是唯一的一件 15 世纪文书。该分财记是权橃母亲与其兄长尹汝弼在其父亲尹塘生前，继承财产时制作的，属于许与文记。该分财记按理应保存在权橃之兄权橄家中，收藏在权橃的宗孙家的原因尚不明确。

（2）是权橃的叔父权士秀将部分财产特别给予权橃时制作的，也是唯一的别给文记。文书的制作年代为 1509 年。权橃小时候在权士秀身边长大，前文介绍的权橃十岁时的那段逸话也是在去权士秀居住的奉化途中发生的。正因为有了这种亲密的关系，权士秀才为祝贺权橃科举合格（1507）而进行特别的财产分割。

（3）是权橃的妻子与其他三名嫡子女及一名庶子接

受分财时制作的和会文记，制作年代为1544年。权橃的岳父崔世演是住在距离安东近100公里的庆尚道金陵郡贺老洞的有权势者。

（4）是权橃死后，权橃的子女在三年丧期结束的1550年制作的和会文记。根据该分财记的记载，权橃除了两名嫡子和一名嫡女外，还有庶子和庶女各两名。该分财记展现了权橃留给子女的全部财产，具有极高的史料价值。

（5）是权橃次子权东美的妻子在丈夫死后，将财产分给子女的许与文记，制作年代为1592年。在该分财记中，出现了权东美的女婿李詠道，他是朝鲜首屈一指的朱子学者李滉（号退溪）的孙子。与李滉一族的这种姻亲关系，如实地反映了权橃一族的有力地位。该分财记之所以收藏在权橃宗孙家，是因为权东美的次子权来被权东辅收为养子。

（6）是权来之妻作为继承人于分财之际制作的和会文记，与通常的形式不同，只记载了权来之妻继承的部分。文书的制作年代是1619年。权来的岳父金玏是安东北邻荣川的有权势者，曾任安东府使（安东府的长官）。

（7）是权来死后，其妻将财产分配给八名嫡子女、

尹塘
（1）

崔世演　　　妻＝士彬　　　士秀
　（3）　　　　　　　　　　（2）

妻＝＝＝＝橝
　　　　（4）

东美　　　　　婿　　　　　东辅　　　金功
（5）　　　洪仁寿　　　　　　　　　（6）

棐　婿　集　来　采　　来＝＝＝＝＝妻
　李詠道　　　　　　　　　　（7）

硕忠　婿　世忠　尚忠　婿　　婿　　婿　　婿
　　金煃　　　　　金玵　权龞　金荣祖　金荣基
　　　　　　　　（8）（9）

婿　　婿　霙　　婿　　棒　　婿　　霖　　婿
李万叶　李震宇　　李溟翼　　　李天纪　　　郑时英

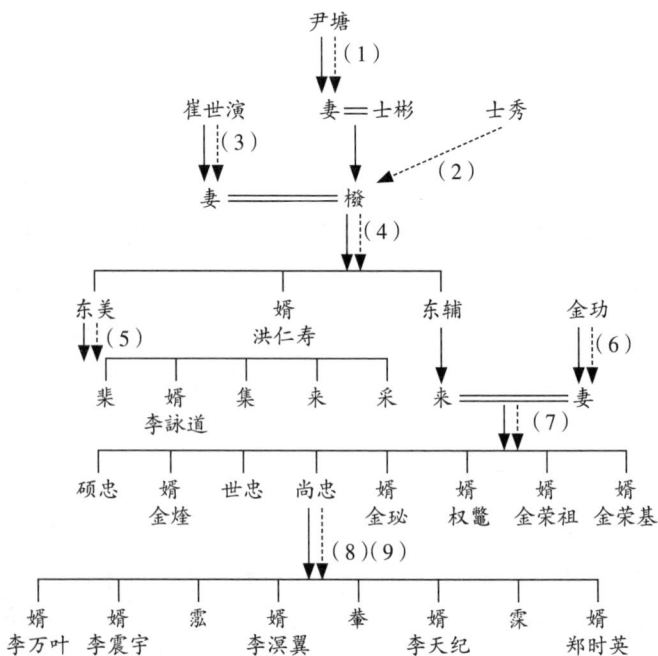

图 11　权橝家门的分财记

注：1. 实线为亲子关系，虚线为现存分财记所见的继承关系。
　　2. 省略了庶出的子女。

56

两名庶子时制作的许与文记，制作于 1621 年。

（8）和（9）都是权来长子权尚忠的子女制作的和会文记，制作年代分别为 1682 年和 1687 年。两者的被继承人、继承人相同，但是其内容存在很大的差异，是展现继承制度变化的非常宝贵的内容。

以上是与权橃一族相关的分财记，在九种分财记中，（4）、（5）、（7）、（8）、（9）这 5 种是展现该家族在各时期财产规模轮廓的基本材料。5 种分财记书写于纵约 40 厘米，横短则 5 米、长则 10 米以上的大纸上，反映了该家族财产的富足。更何况，分财记都是按照继承者嫡子女的数量制作的，因此，在纸是贵重品的当时，制作分财记就已经成了相当大的经济负担。

权橃家的经济基础——奴婢所有

在权橃升至议政府右赞成的高位出人头地之后，权橃一族奠定了成为在地两班地位的基础。那么作为在地两班，其经济实力到了何种程度呢？下文将根据分财记（4）来探讨这一点，该分财记大致体现了权橃遗留给子女的财产。

通常，在分财记中，土地（农田及宅地）和奴婢作为继承财产被记载，很多时候还包括房屋等建筑物。其中，也有将祭祀用的道具等记载在分财记中的情况，但只是少数。从时代变化来看，到15世纪为止的分财记中，只有奴婢成为分财对象的情况较多；而16世纪以后，土地和奴婢才一并成为分财对象并成为一般趋势。权橃家的情况也是如此，仅将奴婢作为分财对象的，只有15世纪制作的分财记（1）一例。

分财记（4）中，奴婢和土地成为分财对象，建筑则不包括在内。对于七名继承人，先记录每人所得的奴婢分财分，然后记录土地分财分。各继承人的分财内容在后文另有叙述（参照第七章之"继承制度的变化"表4），在这里探讨的则是权橃遗产的内容。目前尚未发现权橃给子女的别给文记，因此不妨认为分财记（4）所示的财产基本准确反映了权橃的全部财产。

首先看奴婢的部分，成为分财对象的奴婢多达317名。可见权橃家有众多奴婢，奴婢既可以为主人（也称为上典）所有，也可以被继承和买卖。分财记对子女所继承的每一名奴或婢都有记录，记载格式如下："婢夫叱德一所生奴长命年叁拾陆乙亥。"其中，"长命"是所继承的奴的名字，他是名为"夫叱德"的婢的长子，出生于乙亥年，年龄为三十六岁。如上，对于作为继承对象的奴婢，写明其或奴或婢、姓名、出生关系、出生年份、年龄等信息。出生关系多为记录被继承的奴或婢的母亲的名字，其原因如下。

朝鲜王朝前期，奴婢的身份判定及其所有权的归属是根据两个原则决定的，即"从母法"和"一贱则贱"的原则。"从母法"是为决定奴婢所有权的归属而制定的原则，指的是分属不同所有者的奴和婢所生的子女归其母，即婢的主人所有。

另外，"一贱则贱"是决定奴婢身份的原则，父亲或母亲中如果有一方是贱身份，其子女就是贱身份。所以奴与良人身份的女性，或是婢与良人身份的男性所生的子女，无论哪种情况都属于奴婢身份。"一贱则贱"原则是导致奴婢身份者增加的一大原因。对于奴和良人女性所生的子女，不适用"从母法"原则，因此其所有权被认定为属于奴的所有者。

在分财记中，为了表示奴婢的出生关系，经常记载作为其母的婢的名字，这是根据"从母法"，母亲的所有主就是其所生子女的所有主。相反，被继承人所有的奴与良人女性所生的子女会以"奴某良妻所生"来记录其出生关系，以明确其所有权的归属。

对奴婢的记载通常如前所述，但分财记（4）中出现了三种特殊的奴婢。首先是外方奴婢，即居住地远离权橃居住地酉谷的奴婢。分财记（4）中特别记载其居住地的外方奴婢共有 14 名，其居住地包括彦阳（庆尚道），清州、清风（均为忠清道），罗州（全罗道），延安、平山（均为黄海道），吉州（咸镜道），可见权橃拥有分属五道的外方奴婢。没有像外方奴婢一样特别记录其居住地的奴婢，可能居住在酉谷及其周边地区。

像权橃一样的在地两班阶层，其拥有的奴婢中，外方奴婢的比重并不占优势，但世代居住在汉城或其周边地区的京班拥有极大数量的外方奴婢。例如，曾任弘文馆副提学（正三品堂上官）的名为李孟贤的人，在他 1494 年制作的分财记中，居住在全国 8 道 70 个郡县的 752 名奴婢成为分财对象。

第二种特殊的奴婢是买得奴婢。分财记（4）中记载了买得奴婢及其子女共 36 名。对于买得奴婢，有记载其原所有者的姓名的，明确是从何人手中买来；也有只记载为"买得"，不清楚从何人手中买来的情况。这个买得标记也是为了明确奴婢所有权的归属。

第三种值得关注的是赐牌奴婢。赐牌奴婢是国王赐予的奴婢，在分财记（4）中，作为分财对象，出现了3名赐牌奴婢及其子女。正如第二章所述，权橃在被派遣到明朝归来后，国王赐予其5名奴婢和40结田地，分财记中记载的赐牌奴婢可能正是此时赐予的奴婢。在朝鲜王朝前期，国王频繁地赐予奴婢给有特殊功劳的臣子，这也是高级官僚拥有大规模奴婢的原因之一。

以上三种奴婢的居住地和所有权的来历与普通的奴婢不同，因此在分财记中进行了特别记载。还有另一种奴婢与普通的奴婢有着不同的记载样式，即没有明确记载出生关系的奴婢，其存在备受关注。这种情况中，只记载奴与婢的区别、姓名、年龄，不记载年龄的情况也时有发生。为什么权橃会拥有这种类型的奴婢尚不清楚，分财记（4）中记有50名这样的奴婢。

像这样，分财记中出现了多种类型的奴婢，如果以奴婢的记载样式为依据，将权橃拥有的超过300名奴婢按照其所有权的由来分类，可以分为以下5种情况：①继承而来的；②买得的；③赐予的；④所有权由来不明的；⑤奴婢的自然繁衍，即自然繁衍的奴婢，具体是指该奴婢是权橃通过①到④中的任意一种手段获得的婢的子孙，因此也归权橃所有。

这五种类型的奴婢中，在数量上占多数的是①和⑤，⑤中的相当一部分也是权橃继承而得的奴婢的后代。因此权橃拥有的奴婢中，相当一部分是通过继承获得的，这也告诉我们权橃一族在其父亲权士彬一代时就已经拥有众多奴婢的事实。与此相比，通过②或③方式获得的奴婢，据推测是在权橃于中央政界出人头地以及随之经济实力提升的情况下才归权橃所有的。而④这种所有权来历不明的奴婢及其子孙50名，也有可能是权橃得势之后获得的。

综上所述，在权橃留给子女的317名奴婢中，约有三分之二是权橃通过继承获得的奴婢及其子孙，剩下的三分之一是权橃出人头地后，在权橃这一代获得的奴婢及其子孙。

正如权橃的情况所见，在地两班阶层拥有大量奴婢的现象到底是如何产生的呢？朝鲜时代的身份大致可以分为两班、良人（又称良民或常民）、奴婢三种，不过在权橃所生活的16世纪，很难准确知道这三种身份所占的比重。不同研究者的见解虽说存有差异，但大体认为奴婢身份的人口约占16世纪总人口的三成至五成。可以说，当时存在大量的奴婢，相反在朝鲜时代以前的高丽时代和统一新罗时代，奴婢所占的比重要低得多。

位于日本奈良的正仓院收藏着9世纪统一新罗时代的村落文书。该文书记录了现在忠清北道道厅所在地清州附近四个村落的人口构成和土地面积等内容，是极其珍贵的史料，很早就受到了研究者的关注。该文书还记载了在四个村落居住的奴婢身份的人数，据统计，奴婢所占的比重远不及全体居民的一成。当然，这只是四个村落的数值，不足以完全反映当时的社会状况，但从统一新罗时代或高丽时代的史料来看，很难认为奴婢数量占总人口的三成以上。

因此可以推测，从高丽王朝末期到朝鲜王朝前期，奴婢身份的人口剧增，但其原因目前尚不清楚。不过有一点可以确定，即朝鲜王朝前期，国家对奴婢的政策是导致奴婢激增的因素之一。如前所述，朝鲜王朝前期采取的政策遵循"一贱则贱"的原则，即父母中如果有一方是奴婢身份，其子女将自动成为奴婢身份。这样的国家政策很显然是导致奴婢增加的原因之一，权橤拥有的奴婢中也有很多是权橤拥有的奴与良人女性所生的子女。

不仅如此，国家对奴婢从居住地逃亡的情况也采取了严厉追究的政策。逃亡的奴婢一旦被发现，就会重新回到原所有者的支配下，而且这一规定不存在时效性。即使在逃亡奴婢死后，如果其子孙后代被发现，原所有者的所有权仍然得到认可。

分财记中，关于作为分财对象的奴婢的记载，有"逃亡奴某，年一百五十"这样的例子。尽管逃亡奴已经死亡，其子孙仍被视为分财对象，这样的分财是为防范在现存的奴婢中有逃亡奴的后代。可见，朝鲜王朝前期，对奴婢采取的严格的身份维持政策，是导致奴婢增加的一大原因。

但是，朝鲜王朝前期奴婢的剧增不能仅用国家政策来解释。高丽王朝灭亡的原因之一是被称为"北虏南倭"的现象，即北方的女真人入侵和南方的倭寇掠夺导致的国土荒芜和大量流民的产生，这些社会状况可能也导致了奴婢的剧增，但具体情况并不清楚。

两班作为"士"，以致力学问、考取科举和成为官僚为理想的生活方式，从事体力劳动则被认为是卑微的。因此，为了维持两班式的生活方式，日常生活中负责各种杂事的奴婢是必不可少的，朝鲜王朝前期在地两班阶层得以广泛形成，可能也与大量奴婢的存在有关。也就是说，在地两班阶层的形成和奴婢人口的剧增是密不可分的。

那么，权橃拥有的大量奴婢在经济上又有怎样的意义呢？朝鲜时代的奴婢根据其向所有者所负的义务种类，可以大致分为身役奴婢和纳贡奴婢。身役奴婢是指有义务向主人提供劳动的奴婢。身役奴婢虽然也从事两班家庭的各种家庭内部劳动，但像权橃这样拥有大量奴婢时，大多数奴婢是在权橃所有的农田里从事农耕。另一方面，纳贡奴婢是指每年向所有主缴纳一定数量的各类物品的奴婢，分财记中出现的外方奴婢可以全部看作纳贡奴婢。

权橃家的经济基础——农田所有

下文讨论的则是在分财记（4）中与奴婢同为重要财产的农田。分财记（4）中共有 190 笔地①的农田被列为继承对象，总面积达 2 312 斗落。"斗落"是韩国传统的耕地面积表示方法。1 斗落是指可以播种 1 斗稻或麦等种子的土地面积。斗落的音读是두락，在纯朝鲜语中则

---

① 译者注：朝鲜时期农田的计数单位，类似于汉语的"块"。

读作마지기，今天在表示耕地面积时仍广泛使用"斗落"一词。

1斗落所指的面积，在不同时代和不同地方，其大小各不相同。现在1斗落的面积一般为200坪，[①] 但在16世纪的安东地区，1斗落约为100坪。因此，权橃拥有的2312斗落耕地，面积略多于70公顷。农田规模如此之大，在《庆北地方古文书集成》所收录的众多分财记中也是数一数二的。

那么，权橃是如何拥有如此规模的农田的呢？首先不得不考虑他通过继承获得的农田。他所继承的农田是由父亲权士彬、叔父权士秀、岳父崔世演三人给予的。其中，从权士秀处获得的，根据分财记（2）可知是2结33负的农田；从崔世演处获得的，根据分财记（3）可知是1结15负5束的农田。与分财记（4）不同，在分财记（2）和（3）中，土地的面积是以"结""负"为单位表示的，这种"结""负"也是朝鲜独特的面积表示方法。

"结负"这一面积表示方法的说明稍显复杂，它们原

---

① 译者注：坪，土地面积计量单位，1坪约等于3.3058平方米。下同。

本是国家向土地征税时所使用的单位。在朝鲜时代，国家常常进行"量田"这一征收土地税的基础工作。可以认为这相当于日本史上的"检地"。在进行量田时，将农田按照肥力差异分为六个等级。最肥沃的土地为一等，最贫瘠的土地为六等。一等的土地，按照今天的单位换算，约0.9公顷为1结；而六等的土地，约3.7公顷为1结。如此，每一级土地皆设定了相应的结负数。因此，在一等和六等的土地上，即使同样为一结，其面积也足足相差4倍，而两者的产量则被视为等同，即从1结的土地上征收相同数量的地税。结负被称为征收地税的单位，其原因就在于此。1结为100负，1负为10束。

可见，结负是将土地生产力差异纳入考虑的、相对的面积表示方法，虽然不能直接换算成斗落，但这里暂且将1结的面积近似换算为40斗落。权橃通过分财记（2）和（3）继承的农田合计为3结48负5束，就相当于140斗落。由此可见，在权橃拥有的农田中，从权士秀和崔世演那里分得的农田仅占很小一部分。

权橃继承的财产中，从父亲权士彬那里分得的财产占最大比重，但由于没有留存相关的分财记，暂且无法确认其份额。值得庆幸的是，权橃的兄长权橃的子女们继承财产时制作的分财记收藏在权橶的后代家中，并收录在《庆北地方古文书集成》中。据该分财记，权橶将95名奴婢和871斗落农田遗留给子女。虽然权橶的遗产中包含了其妻从父母那里得到的财产，但即便将这部分忽略不计，权橶从父亲权士彬那里继承的农田最多为871斗落。

综上所述，在权橶拥有的2 312斗落的农田中，他通过继承获得的农田最多为1 000斗落左右，超过半数的农田是在权橶这一代新拥有的。权橶所有的农田规模的扩大，和其所有的奴婢一样，得益于他的立身与出人头地。

那么权橶所拥有的广阔农田，又是以何种方式经营的呢？分财记（4）为回答这一问题提供了线索。在分财记（4）中，作为分财对象的190笔地耕地以2种分明不同的方式被记载。一种方式是例如"家前畓二石四斗落只"的形式。"家前"是指耕地所在地，"畓"是朝鲜独特的汉字，表示水田（旱田记为"田"），"二石四斗落只"是指面积。1石相当于15斗落，故2石4斗落等于34斗落。即，该方式是将成为继承对象的耕地以所在地、地目（土地种类）、面积加以特别指定，暂且将这一记载方式称为"A方式"。

另一种方式则是如"皆丹尹孙畓东边一石二斗落只"的形式。"皆丹"是地名，位于酉谷的北方。"尹孙"显然是人名，"东边"是东侧的意思，在皆丹尹孙的水田中，东侧的1石2斗落被特别指定为继承份额。即，该方式标记了人名，与A方式不同，这样的记载方式暂且称为"B方式"。

我将在后面探讨A和B方式之间的差异到底有什么意义。首先我们以两种方式共同记载的耕地所在地名为线索，确认权橃拥有的农田的分布状况。其记载的地名多为小地名，因此很难确认所在地，最近韩国出版的《韩国地名大辞典》（韩文学会编）对这项工作起了很大的帮助。该辞典囊括了小地名，在韩国地理研究史上具有里程碑意义，对历史研究和语言研究都有很大的参考价值。此外，17世纪初编纂的安东地方志《永嘉志》也可以为确认地名的工作提供参考。

利用上述参考资料，我对权橃拥有的农田分布情况进行了调查，分财记（4）中出现的190笔地耕地中，可以确定所在地的有151笔地，其面积达1 799斗落。这151笔地耕地涉及奈城县、皆丹部曲、奉化县、小川部曲、春阳县、安东府、丰山县这7个行政区划。下面，

69

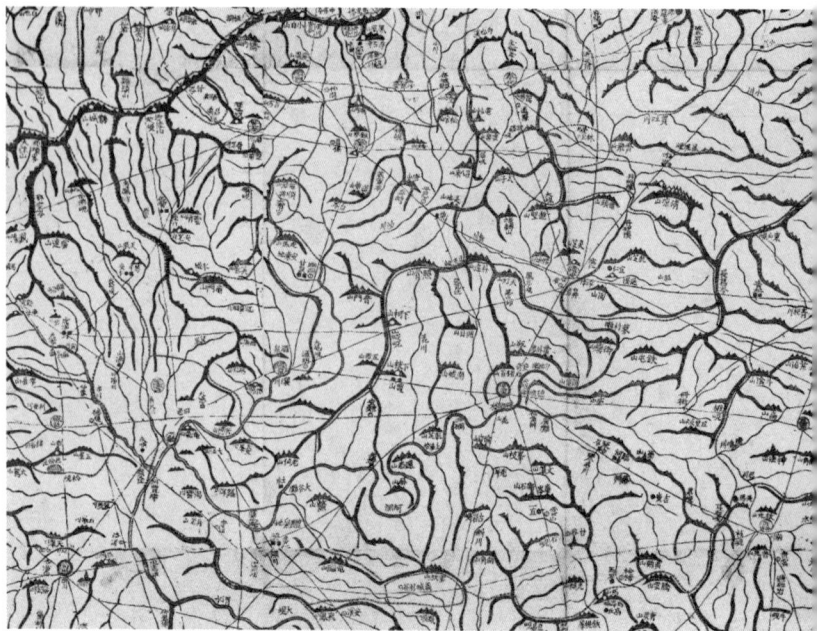

图 12 《大东舆地图》所见的安东周边图

为了理解各地区的位置关系，让我们看一下 19 世纪后期制作的《大东舆地图》的安东周边部分。奈城是包括权橃的居住地酉谷在内的地区，皆丹虽然没有载入地图，但知其位于奈城北侧；奉化位于奈城东侧，春阳和小川分别位于奉化的东北部和西侧；丰山是包括现在游客颇多的两班村河回的地区，位于安东以西。从地图上可以看出，权橃拥有的农田集中分布在安东周边地区，而不存在像奴婢中的外方奴婢那样，位于远方的所有地。

权橃的农田所在的七个行政区划中，除了奉化以外的其他地区，在 16 世纪时都在安东府的管辖之下。在这里简单介绍一下朝鲜时代的地方行政制度。朝鲜时代，全国分为八道。道下面的行政区划有牧、府、郡、县等多种名称，但它们都是道之下的行政区划，属于并列关系，通称为邑。牧、府、郡、县等行政区划，是根据政治、军事重要程度的差异，或者人口数量、耕地面积大小来区分的。在邑之下设置的行政区划为面，朝鲜王朝前期，作为行政单位的面还不成熟，面制的确立是在朝鲜王朝后期。面之下有洞、里等各种名称的最低一级的行政区划。洞、里是由一个或多个村落构成的。中央派遣的地方官仅限于邑一级，这种派遣到邑的地方官被称为守令。

以上是朝鲜时代地方行政制度的概要，邑中也存在中央不派遣守令的情况。权橃所有地所在的邑中，安东府管辖的地区就存在这种不派遣守令的地区。例如，包括酉谷在内的奈城县没有中央派遣的守令，由安东府使（安东府的守令）负责统治。这里需要注意的是，安东府和奈城县的领域不重合，两者各有独立的领域。前文介绍了权橃一族的世居地为安东府奈城县酉谷（见第二章之"入乡祖：权橃"），但这并不意味着安东府包含奈城县在内，而是指在安东府使的管辖下设有奈城县。

这样的郡县制形态是朝鲜半岛所特有的，与中国和日本的郡县制都有很大的不同，其渊源可以追溯到高丽时代的郡县制。在高丽时代初期，中央只派遣地方官到部分邑，大部分邑内不存在地方官。派遣地方官的邑叫作主邑，没有派遣地方官的邑叫作属邑，负责统治属邑的是主邑当地的有权势者，即作为在地两班阶层出身母体的吏族。

从高丽时代中期到朝鲜时代前期，派遣地方官的邑逐渐增加，属邑的主邑化不断发展，但安东地区到了16世纪仍然存在很多属邑，属于比较特殊的地区之一。这反映出包括安东权氏家族在内的安东吏族势力的强大，这也是安东吏族中分化涌现出众多在地两班阶层的原因。

权橃的所有地所在的安东以外的六个行政区划中，除了奉化以外，其他五个都是安东的属邑，这与上述郡县制构造相关，是非常耐人寻味的事实。权橃在这些安东的属邑拥有很多土地并非偶然，可以想象高丽时代以来作为吏族的安东权氏与这些地区有着密切联系。

各行政区划的权橃所有地分布如下所示：

奈城：23 笔地，306 斗落

皆丹：5 笔地，72 斗落

奉化：32 笔地，371 斗落

小川：19 笔地，278 斗落

春阳：56 笔地，623 斗落

安东：15 笔地，134 斗落

丰山：1 笔地，15 斗落

权橃的所有地主要集中在春阳，且他似乎在当地经营着广阔的农庄。权橃和权东辅写的诗中经常会提到春阳农庄，可见与春阳有十分紧密的联系。除此之外，居住地奈城和位于奈城东侧的奉化是权橄拥有较多土地的地方。

　　以上主要叙述了权橄所有地的分布情况，下面让我们对这些所有地的经营方式进行探讨。如前文所述，在分财记（4）中，所有地的标记存在 A、B 两种方式，使用 A 方式标记的耕地有 89 笔地，使用 B 方式标记的耕地有 98 笔地，其余 3 笔地不能判定是属于 A 方式或是 B 方式。

　　将 A、B 两种记载方式与耕地所在地联系起来看，奈城的 23 笔地中有 21 笔地、安东的 15 笔地中有 12 笔地采用的是 A 方式。而春阳的 56 笔地中有 51 笔地、皆丹的 5 笔地中有 4 笔地采用的是 B 方式，与奈城、安东形成了鲜明的对比。对奉化和小川耕地的记载，A 方式与 B 方式几乎不相上下，属于前两者之间的中间类型。从 A、B 两种记载方式的地区分布情况看，在权橄的世居地，采用 A 方式记载的农田较多。奈城是权橄的居住地，安东则是其出生地。而在距离奈城 20 公里以上的春阳，以 B 方式记录的农田则更占优势。根据以上情况判断，可以假定用 A 方式记载的土地是权橄直接经营的土地（直营地），用 B 方式记载的土地则租借给了所记名字的人（租借地）。

为了验证该假设的可行性，我进一步详细考察了 B
记载方式的内容，发现 B 方式中也可分出各种类型。以
下列举由 B 方式再细分的九种类型：

　　　① 尹孙畓东边一石落只

　　　② 五十德<u>作介</u>畓八斗落只

　　　③ 千同<u>半作</u>畓八斗落只

　　　④ 万伊<u>代</u>田三石五斗落只

　　　⑤ 苏叱金<u>处买</u>畓三斗落只

　　　⑥ 夫叱山<u>记上</u>田四斗落只

　　　⑦ 万伊<u>私耕</u>田一石落只

　　　⑧ 万伊<u>换</u>畓四斗落只

　　　⑨ 甲孙<u>来</u>畓十斗落只

①是在人名之后记录"畓"或"田"的记录形式，②以
下都是在人名和"畓"或"田"中间加上表示土地性质
的各用语（以上各例中标有下划线的部分）。这些用语有
何意义呢？

　　④中的"代"字可以写成"垈"，表示屋宅地及其周
围的庭院田地。因此，④是表示所记名字的人居住的宅

地，可以看作出借地。⑤是指从芴叱金此人手里购买的土地。在这种情况下，很难认为芴叱金是借地人，应将该地视为直营地。⑧所记的土地被认为是因某种原因，将权橀的所有地与万伊的所有地进行了交换，⑨所记录的土地也被认为是和⑧性质相似的土地，因此，⑧和⑨两种土地也不能被看作所记名字之人的租借地。

以上四种类型的土地，可以认为是上文所探讨的性质，但除此之外的②"作介"、③"半作"、⑥"记上"、⑦"私耕"这四种类型的土地，各自具有什么性质并不明确。另外，也不太清楚这四种类型的土地与①这种只标明人名的土地之间的差异。近年来，韩国学术界不断对作介、记上、私耕等概念进行研究，但目前尚无定论。但大体可以肯定的是，①、②、③、⑥、⑦这五种类型体现的是借地关系的各种变形。

因此，在用 B 方式记载的土地中，①、②、③、④、⑥、⑦这六个类型可以看作出借地，而剩下的⑤、⑧、⑨三种类型很有可能与 A 方式记载的土地一样，属于权橀的直营地。属于⑤、⑧、⑨类型的共有 6 笔地，与 A 方式记载的土地加起来共 95 笔地（1 231 斗落）是权橀的直营地，其余 92 笔地（1 025 斗落）的土地是各类租借地。也就是说，权橄拥有的农田中，有一半以上是直营地，因此可以认为耕作这些直营地所需的劳动力来自他拥有的大量奴婢。

过去，人们习惯将两班理解为地主，即认为两班们只是将自己的土地租给佃户（小作人），从中赚取地租收入，完全脱离了生产活动，是一种寄生性的存在。但是这种两班形象实际上要到后世才形成，16世纪阶段的在地两班阶层仍普遍利用奴婢经营着直营地。他们还非常关注农业技术的发展和农田的开发。因此，我将在下一章探讨农业的发展与在地两班阶层之间的关系。

第四章　开发的时代

朝鲜"农书"的出现

朝鲜王朝前期是在地两班阶层形成的时期，也是朝鲜半岛历史上农业生产力得到显著发展的时期。在这个时期，农业的发展成为在地两班阶层成长的强大动力；与此同时，在地两班阶层也积极推动农业技术的发展和农田的开垦。

朝鲜王朝前期的农业技术发展中，最受人瞩目的现象是这个时期首次出现了朝鲜半岛独有的农书。从高丽时代开始，中国的《齐民要术》和《农桑辑要》等农书就已被引进朝鲜半岛并得到一定程度上的普及。不过，这些农书毕竟立足于中国风土，若将其中记述的农业技

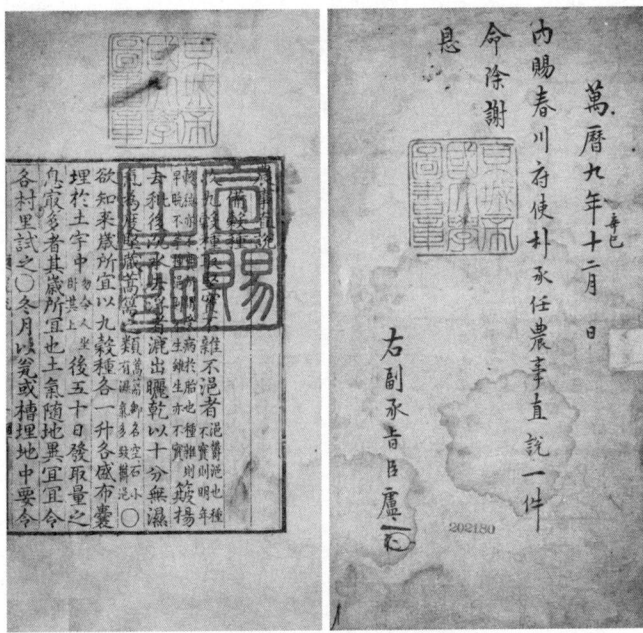

图13 《农事直说》书影

术原封不动地运用到朝鲜，难免会有诸多不便。因此，到了朝鲜王朝，学者们尝试参考中国农书，以制作将朝鲜农业技术体系化的农书。这番努力的结果就是首部朝鲜特有且成体系的农书——《农事直说》。

《农事直说》受世宗之命编撰，世宗即朝鲜王朝第四代国王，是以主导制定"训民正音"（朝鲜文字，又称"한글"）闻名的名君。农书于1429年完成，翌年1430年刊行。关于《农事直说》的编纂经纬，其序文中有如下叙述：

> 及我主上殿下，继明图治，尤留意于民事，以五方风土不同，树艺之法，各有其宜，不可尽同古书，乃命诸道监司，逮访州县老农，因地已试之验具闻。又命臣招，就加诠次，臣与宗簿少尹臣卞孝文，披阅参考，祛其重复，取其切要，撰成一编，目曰《农事直说》。

如序文所述，《农事直说》是在调查各地农业技术的基础上，由郑招、卞孝文二人整理而成的。《农事直说》内容极佳，在很长一段时间内都是朝鲜农书的经典著作。

《农事直说》的内容共十编，除了叙述种子的准备（备谷种）和起耕法（耕地）两编之外，还系统叙述了麻、稻、黍、粟、稗、大豆、小豆、菉豆、大麦、小麦、胡麻、荞麦十二种作物的栽培方法。下文以《农事直说》（下文简称为《直说》）叙述的农耕方法中值得关注的若干点为中心，稍作介绍。

首先是稻谷的种植方法。《直说》中记载了三种稻作法，分别为水耕法、干耕法和插种法。其中，前两种方法是不需要插秧的直播法，插种法则是需要插秧的移植法。这三种种植方法在《直说》中皆以稻谷的连作法，即每年在同一片耕地种植稻谷为前提，这一点与高丽时代有较大差异。这是因为，高丽时代普遍实行休耕法，除了较为肥沃的土地，其他土地每两年种植一次稻谷，且需空置一年以恢复地力。从《直说》中可以看到，在进入朝鲜王朝之后，实行这种休耕法的水田以北部地区为中心，仍然存在；而在农业发达的南部地区，稻谷的连作法逐渐普及。

在水耕法、干耕法、插种法三种方法中，对水耕法的记述最为详细，这表明当时的稻米种植以水耕法为主。水耕法是在水田里直接播撒稻种，用泥土覆盖之后再灌水的方法，这样的栽培法在日本被称为水田直播法。在秧苗长成之前反复进行多次排水和灌水，每次排水时进行除草作业。稻苗无需移植，直到收割期之前都在同一片田地中生长。

干耕法也属于直播法，但播种后不灌水，在秧苗长到一定程度之前，都在旱田的状态下培育，在日本也被称为干田直播法。干耕法适合难以确保水源，或水利条件恶劣的水田。这种稻作法在前近代的东亚地区仅在朝鲜半岛被广泛使用，是朝鲜独特的技术。

插种法是通过插秧进行的移植法，在日本也较为常见。不过，《直说》认为插种法是"农家之危事"，即对农家来说是非常危险、应当回避的栽培法。至于插种法为何危险，则有"此法便于除草，万一大旱则失手"的说明。使用直播法耕种稻谷的话，从播种到收割都在同一块土地上，所以容易滋生杂草，不得不花费大量人力进行除草工作。插种法则是先在秧田中栽培秧苗，在插秧时再将秧苗移植到稻田中，因此与直播法相比，可以有效遏制杂草生长。虽然在节省除草工作方面，插种法较直播法更优，但如果恰逢旱年，插秧期就无法确保水源，也无法进行插秧，有可能导致颗粒无收。

《直说》中之所以劝诫避免采用插种法，是因为插种法的不稳定性，而这种不稳定性很大程度上又是朝鲜半岛的气候条件造成的。在日本和中国南部地区，插秧期正好与梅雨期重叠，因此比较容易确保插秧所需的水源。然而，梅雨锋北上到朝鲜半岛时却常常已是 7 月以后，所以插秧期和梅雨期（梅雨在朝鲜半岛称为장마）经常不一致。因为这一气候条件，插种法被认为是极其危险的耕作方法，只能用于水利条件较好的水田。

在《直说》成书的 15 世纪前半叶，这样的直播法是稻作的主流，直播法里最重要的工作则是除草。《直说》建议水耕法需进行 3—4 次除草作业，值得注意的是，干耕法亦强调除草的重要性。

关于干耕法中的除草，《直说》写道："杂草生，则虽旱苗槁，不可停锄。"锄是一种韩语叫作호미的小型除草工具。干耕法是在旱田状态下栽培幼苗的方法，因此需要给幼苗提供土壤中的水分。为此，在进行除草作业时，需要压实土地表面，防止土壤中的水分因毛细管现象而蒸发。压实土地表面以防止水分蒸发，在气候干燥地区种植不需灌溉的作物，即所谓"旱作农业"（Dry Farming）的关键，《直说》中的"锄"作业就是如此。这

项旱作农业技术在东亚地区广泛应用于中国华北地区的旱作中，而《直说》中的干耕法则将该技术应用于稻作，因此，这是为了适应朝鲜半岛气候条件而独创的栽培法。

其次，在《直说》关于旱作的内容中，最值得关注的是一年两季或两年三季的复种技术。例如，《直说》中关于大豆、小豆的栽培方法就有如下叙述：

> 大豆小豆，种皆有早有晚（早种乡名春耕，晚种乡名根耕。根耕者，耕两麦根也）。

"乡名"指的是在朝鲜的称呼，而乡名为"根耕"的种植方法，指的是在种植过大麦或小麦的土地上种植大豆或小豆。而所谓春耕法，则是在没有种植过其他作物的田地中栽培大豆和小豆，意味着一年一作。大麦和小麦的种植也是如此，分为在种过麦子的田地种植（一年一作式），以及在种过黍、豆、粟或木麦（即荞麦）的田地种植（一年二作式）两种耕作方法。

《直说》在旱作部分分别记述了单种和复种两种栽培方法，在复种时通过调整前次作物的种类和种植顺序，就可以在技术层面上实现一年二作式（一年内种植大豆、小豆—大麦、小麦）以及二年三作式（在两年内种植粟—大麦、小麦—大豆、小豆）。旱作农业中的复种技术和稻作中的连作技术，都意味着土地的高度利用得以实现。

荒地的开垦方法

在《直说》的内容中，另一个要点是详细叙述了荒地开垦方法。例如，在耕地编中，关于荒地的开垦方法有如下叙述：

荒田七八月间耕之，掩草。明年冰释又耕。后下种。大抵荒地开垦，初耕宜深，再耕宜浅（初深后浅，则生地不起，令土软熟）。

荒地辨试之法：劚土一尺深，尝其味。甜者为上，不甜不咸者次之，咸者为下。

这里叙述的应是旱田的开垦方法。而关于水田开垦，则单独录于叙述稻谷种植方法的部分（"种山稻法"一节）中：

若新垦草木茂密处为水田者，火而耕之。三四年后审其土性用粪。

　　若沮泽润湿荒地，则三四月间水草长成时，用轮木杀草，待土面融熟后下晚稻种，又缚柴木两三个，曳之以牛，覆其种。至明年可用耒（乡名地宝），三年则可用牛耕（稂莠不生，大省锄功）。

　　如下一节所述，朝鲜王朝前期是农田开发取得显著进展的时期，而《直说》中关于荒地开垦法的记载，对耕地开发可能起到了促进作用。

　　综上所述，《农事直说》调查当时先进的农法，将其整理成一个体系，为朝鲜半岛的农业摆脱中国农业技术的绝对影响、走上独立发展的道路起到决定性作用。《直说》由政府刊行，通过地方官普及，而当时兴起的在地两班阶层在学习《直说》农法的同时，又进一步发展了其内容。

　　《直说》是根据国王命令编纂的官撰农书，到15世纪后期则出现了"私农书"，即私人编写的农书。最早的私农书是姜希孟（1424—1483）撰写的《衿阳杂录》。姜希孟在中央政界有较高地位，因不愿参与政治斗争而隐退官场，在汉城附近的衿阳县（今京畿道果川市）过着悠闲的生活。《衿阳杂录》就是姜希孟在衿阳居住期间，以农民的见闻和自己的农事体验为基础编写的。

　　《直说》是当时先进农法的集大成之作，而《衿阳杂录》则记述衿阳县这一地区的农业形态，更加生动地反映了当时农村的实际情况。例如，《衿阳杂录》中将当时农民在务农时传唱的农谣译成汉文，以"农讴"的形式收录，其中就有一首名为"提锄"的歌曲：

　　　　提锄莫忘提酒钟，

　　　　提酒元是提锄功。

　　　　一年饥饱在提锄，

　　　　提锄安敢慵？

在播种法占主流的当时，除草是稻作中最费劲的工作，这首农歌有力地证实了这一点。到了朝鲜王朝后期，私农书大量出现，《衿阳杂录》即为其先驱。

民间农书《农家月令》的诞生

　　著于 1619 年的农书《农家月令》(下文简称为《月令》)也有着相当重要的地位，它反映了《农事直说》刊行之后朝鲜王朝前期农业技术的发展。这部农书的作者名为高尚颜，其经历略述如下。

高尚颜出生于1553年，二十四岁科举及第，成为庆尚道善山的教授（管理国立地方教育机构乡校的官职），以此为起点历任各地地方官，直到五十七岁从官场引退。他担任地方官的地区均位于庆尚道，因此十分熟悉该地区的农业情况。在担任咸昌县长官时，他指挥建设了"湺"（水利设施的一种，详见下文），为咸昌、尚州3 000—4 000斗落耕地的灌溉带来了便利，当地居民为其立碑，歌颂其功德。

《农家月令》是高尚颜在引退后，根据自己的见闻编写的月令（历）式农书。书中记载的农法，反映了他长期担任地方官的庆尚道北部地区在16世纪后半叶的农业情况，其中包含了安东的庆尚道北部地区，这是在地两班阶层的形成最密集的地区。为了探讨在地两班阶层和农法发展的关联性，《月令》的内容受到瞩目。

在《月令》的稻种法中，作者叙述了苗种（等同于插种）、水耕、干付种（等同于干耕）三种耕作方法，这与《直说》区别不大。但值得注意的是，《月令》记述苗种法时，使用了与水耕法相等的篇幅。在《直说》中，苗种法（插种法）被认为是"农家之危事"，而《月令》中则完全没有类似的记述，且从记述的分量来看，苗种法与水耕法有着同等地位。从这些事实中可以看出，在15世纪后的庆尚道北部地区，苗种法得到进一步的普及。然而，苗种法得以普及的条件又是什么呢？

《直说》之所以认为苗种法蕴含危险，是因为在插秧期很难确保水源。因此，若要普及苗种法，就必须完善水利灌溉设施，这样一来，即使在梅雨季较晚到来的年份，也能确保充足的水源。朝鲜半岛居民自古以来就建设有蓄水池作为主要灌溉设施，而在朝鲜王朝前期迅速普及的灌溉设施则是被称为"洑"的设施，其作用是拦截河流，抬高其水位，再通过水道将河水引入水田。修建蓄水池需要进行大规模的工程建设，一般由国家建造，但修建"洑"不需要花费大量人力，所以民间也完全可以建造。正如在下一节所述，在地两班阶层在新定居的地区积极修建"洑"。

《月令》所述的稻作法中，还有一点值得注意，即干耕法（干付种法）技术取得了巨大的进展。在"四月节立夏"（阳历5月6日前后）一条中，对于干付种法有如下叙述：

奉天之地，如未得雨，则宜干付种（种用密达租，非此不为。土疏，过盛而自烂也。付种之后，即以柴扉曳其上，令块破土坚可也。必于是节者太旱，则稻苗未生草盛，难于除草也）。

《直说》所述的干耕法"唯种晚稻"，没有指定特别品种，《月令》中则指定特定品种"密达租"用于干耕法。此外，《月令》还出现了用于干耕法的独特农具"柴扉"，这在《直说》中也没有相关记载。"柴扉"可能是"柴扉翻地"① 的简称。"柴扉"是柴门的意思，"柴扉翻地"指的则是将木柴捆绑在"翻地"上组成的农具。在近代，木柴被绳子取代，称为锄板捞（매번지）。

播种后，立即用牛牵引"柴扉翻地"，用下方的木板平整泥土，土壤中的水分通过毛细管现象上升，为稻种供给水分。同时，木柴将稻种上方的大块泥土打碎，既使种子容易发芽，又使土壤不会过于紧密，防止水分

---

① 译者注：시비번지。翻地（번지），为农具"板捞"的乡名，见《农事直说》："芽长二分，均撒水田中，以板捞（乡名翻地）或把捞（乡名推介）覆种，灌水驱鸟（以苗生为限）。"

图 14 锄板捞

因毛细管现象上升并在土壤表面蒸发。播种前需要注意"土疏"，这也是为了防止土壤水分蒸发。对于幼苗生长时不灌水的干耕法，最重要的就是在确保稻种水分充足的同时，防止水分从土壤表面蒸发。"柴扉翻地"这种农具能够同时进行这两种具有相反目的的工作，可以说是最合适干耕法的农具。

正如《月令》所反映的那样，庆尚道北部地区在《直说》刊行以后，稻作农法主要沿着以下两个方向有所发展：一是苗种法因水利条件的改善得以普及，二是干耕法技术在水利条件恶劣的水田取得了进展。这些发展在17世纪以后逐渐普及到整个朝鲜半岛。1655年，通过增补《直说》编纂而成的《农家集成》详细介绍了庆尚道地区的稻作技术，试图将其推广到朝鲜各地。

农田开发和在地两班阶层

对于朝鲜王朝的耕地面积变化，学界至今仍有许多不明确的地方。不过，从15世纪到17世纪，以南部地区为中心，耕地面积急速增长，则是毋庸置疑的。表1整理了《朝鲜王朝实录》等史料中出现的各道耕地面积的变化。从表中可以看到，虽然各道存在较大差异，但

（单位：结）

表 1　朝鲜时代耕地面积的变化

道名＼年代	1404	1424	约 1501	1591（1）	1591（2）	1721
京畿道	149 300	194 270	—	147 370	150 000	101 256
忠清道	223 090	236 114	231 995	252 503	260 000	255 208
庆尚道	224 625	261 438	295 440	315 026	430 000	336 778
全罗道	173 990	246 268	368 221	442 189	440 000	377 159
黄海道	90 922	223 880	101 600	106 832	110 000	128 834
江原道	59 989	65 908	34 814	34 831	28 000	44 051
平安道	6 648	311 770	—	153 009	170 000	90 804
咸镜道	3 271	130 406	—	63 831	120 000	61 243
计	931 835	1 670 054	—	1 515 591	1 708 000	1 395 333

资料来源：1404 年——《太宗实录》六年五月壬辰。1424 年——《世宗实录地理志》。约 1501 年——[韩]李载龙《16 世纪的量田和随田收税》(《孙宝基博士耄休纪念韩国史学论丛》，1988 年，第 304 页)。1591 年（1）——《磻溪随录》。1591 年（2）——《增补文献备考》卷一四八。1721 年——《增补文献备考》卷一四二。

从整体上看，整个朝鲜王朝时期，耕地面积都没有产生太大的变化，到朝鲜王朝后期，甚至给人一种耕地面积减少的印象，不过该表格本身存在各种问题。

首先，表1中的数字是用"结数"表示耕地面积，这不是耕地的绝对面积。其次，这个数字不仅包括耕地，还包括当时没有进行耕作的土地。因此，将表1中的数字直接用于推测耕地面积的变化，实在是过于牵强。此外，各道的耕地面积中，南部三道（忠清、庆尚、全罗）的结数在朝鲜王朝前期一直增加，而北部四道（黄海、江原、平安、咸镜）的结数从1424年到1591年却大幅减少。各地区之间的这种极端差异，也使我们对表1数据的可信度提出质疑。

关于将土地面积用结数表示这一点，正如本书第三章（"权樏家的经济基础——农田所有"）所述，"结"是加入土地肥力差异这一因素的面积表示方法，同样是一结土地，一等土地和六等土地在绝对面积上就存在四倍差异。因此，即使是相同面积的土地，根据所处等级的不同，其结数也会产生巨大差异。各地土地的等级由国家实施的量田决定，量田执行时是严格还是宽松，又会使结数产生较大变化。如后文所述，朝鲜王朝前期的量田似乎较后期的量田更加严格，因此前期结数有大于后期的倾向。

此外，朝鲜王朝的量田不仅调查了耕作中的土地，还调查了先前是耕地、后来放弃耕作的土地，并将其登记在量案（土地台帐）中。耕作中的土地称为"起地"，放弃耕作的土地称为"陈地"。然而，目前我们仍无法根据朝鲜王朝前期史料，来推测起地和陈地的比率。

关于表1用结数表示的最后一个问题，即南部和北部的结数变化趋势不同，则可能是如下原因导致的。北部地区的农业生产力大体上低于南部，但朝鲜王朝初期的量田无视了这一实际情况，将北部地区的土地设定为较高等级，导致结数过大。但是，这种方针在15世纪后期发生改变，将北部地区土地设定为低于六等，使量田更加符合土地的实际生产力。16世纪以来，北部地区的结数大幅减少是因为这一量田方法产生变化，而并不代表耕地面积减少。

综上，表1数据存在很多问题，其数据并不能如实反映耕地面积的变化。但如果仅着眼于南部的三道，就会发现该地区的结数在朝鲜王朝前期逐渐增加，这与实际情况是较为相近的。其中，庆尚道和全罗道的结数增加尤为显著，下文将具体阐述这两个道的耕地开发情况。

为具体分析庆尚道的耕地开发情况，笔者试以安东为例。最早明确安东（包括管辖的郡县、部曲）耕地面积的记录载于1454年编纂的《世宗实录地理志》。根据其记载，安东有11 283结的起地和陈地，其中水田占七分之二。各地区的结数是由国家实施的量田决定的。在安东所属的庆尚道实施的量田中，时间上最接近1454年的是1429年的量田，所以这个数字代表了1429年的结数。

《世宗实录地理志》以后的记录中，最早的则是安东地方志《永嘉志》中所记载的结数。永嘉是安东的古地名。《永嘉志》由权纪、权行可二人于1602年开始编撰，于1607年左右成书。这两位编撰者都出身安东权氏，权行可是权好文之子，权好文则是权橃祖父权琨之兄的曾孙（参照第六章之"婚姻、学缘的关系网"）。《永嘉志》中记载，安东的土地结数为旱田8 906结、水田3 497结，共12 403结。在《永嘉志》开始编撰的1602年之前，庆尚道的最后一次量田是在1492年，因此这个结数应该是以1492年量田为基础的数字。从1429年到1492年，安东土地结数增加了约1 120结，尽管用结数表示土地面积仍有一定局限性。

《永嘉志》之后，关于安东土地结数的记录还有18世纪中叶编纂的全国性地志《舆地图书》所收录的数据。此时的结数以1718—1720年庆尚道量田为基础，安东土地结数为旱田9 884结、水田4 082结，共13 966结。因此，从1492年到1718年这200多年间，安东地区的结数由12 403结增至13 966结，仅增加了1 563结，不过实际的耕地面积增长应远远超过这个数字。这是因为朝鲜王朝前期在庆尚道实施量田时，对其土地等级的设定比后期更高。

虽然目前没有史料能直接反映朝鲜王朝前期量田中各等级土地的分布情况，但根据《庆北地方古文书集成》中收录的分财记，我们可以对这个问题作出某种程度上的推测。《集成》所收录的名为"朴瑜男妹和会文记"的分财记，以量田结果为标准，将继承的土地标注为一等至六等。这个家族的世居地为庆尚道宁海，以这一地区为中心，拥有广阔的农田。分财记的撰写年代为1631年，其中记载的各土地的等级，应该是在1492年庆尚道量田时所确定的。因此，根据该分财记中关于土地等级的记录，我们可以推测在1492年的量田中各等级土地的比例。

该分财记中，标明等级的土地共有 26 结 81 负 1 束，各等级的土地比例如下：一等占 20%，二等占 36%，三等占 28%，四等占 8%，五等占 4%，六等占 4%。法律对各级土地每结所占面积有明确规定，因此将各等级的比例和各等级所占面积进行加权平均之后，可得 1 结土地的平均面积约为 4 280 坪。

朝鲜王朝后期的量田中各等级土地所占比例，则可以从和田一郎的调查结果中得知。日本于 1910 年开始对朝鲜进行殖民统治后，开展了"土地调查事业"（1910—1918），和田一郎是参与这项调查工作的重要人物。为完成这项调查工作，和田调查了当时遗留的朝鲜王朝后期的量案。根据和田的调查，庆尚道地区的量案中，各等级土地的比例分别是：一等占 11%，二等占 15%，三等占 22%，四等占 25%，五等占 5%，六等占 23%。用与上文相同的方法，可算得 1 结土地的平均面积约为 5 526 坪。

从上文的数据中可以看出，庆尚道后期量田相比于前期量田，其土地等级被设定得更高，与之相对应的，1 结土地的平均面积也从前期的 4 280 坪增长到后期的 5 526 坪，后者约为前者的 1.3 倍。因此，如果将《舆地图书》中收录的 1718 年安东的结数，与《永嘉志》中收录的 1492 年的结数进行比较，还需要将前者乘以 1.3。那么，1718 年的结数就相当于 18 156 结，所以从 1492 年到 1718 年，安东土地结数增长了约 5 753 结，其增长率高达约 46%，可以推测安东在 16—17 世纪 2 个世纪间，其耕地面积增长了约 1.5 倍。

那么，如此高速的耕地面积增长，是发生于 16 世纪，还是 17 世纪呢？1592 年发生的"壬辰倭乱"导致大量土地荒废。庆尚道地区作为主要战场之一，其受灾情况尤为严重，战后的恢复工作在整个 17 世纪内都未能实现。考虑到这些情况，认为安东耕地面积主要增长于 16 世纪，似乎更为妥当。耕地开发高速发展的 16 世纪，正是当地两班阶层在农村定居并广泛形成的世纪。

权橃拥有的广阔农田中，通过开发获得的农田似乎占据相当的比重。权橃从出生地道村移居到奈城的西谷，在移居的同时也致力于对西谷的开发。此外，权橃在他拥有最多土地的春阳地区，应当也积极进行了农田的开发。根据前文介绍的《世宗实录地理志》中记载的户口统计，15 世纪中叶，奈城只有 83 户 371 人，春阳有 42 户 105 人。虽然《世宗实录地理志》的户口数量并没有如实反映当时的实际人口数，可能只统计了对国家承担军役的户口数量，即便如此，相较于有着847户3 200人口的安东，奈城和春阳显然是人口稀少的未开发地区。可以推测，权橃在这些未开发地区动员大量奴婢，推动了农田的开发。

山区和海岸地区的农田开发

除了权橃移居的酉谷之外，16世纪似乎也有许多两班来到奈城并在此定居。从《永嘉志》中记载的奈城县内村落来看，在全部18个村落中，有9个村落居住着士族（在地两班）。而且值得关注的是，这些村落中有很多都注记设有水利设施"洑"，酉谷即其中之一。在地两班阶层新定居的地区大多位于地势稍高的山麓，前方地势开阔。在地两班阶层在这种地理环境中建设居所，在山间流出的小河流上设置"洑"，在平地上开发水田。

安东及其周边地区有许多海拔500米左右的山地。在地两班阶层进入这样的山区平原地带并将其定为世居地，积极推进农田开发。权橃一族的财产规模在16世纪迅速扩大，应该也是其主导推进农田开发的结果。

庆尚道地区，特别是其北部地区，以在地两班阶层为主导，其山间平原地区在16世纪得到大量开发。和庆

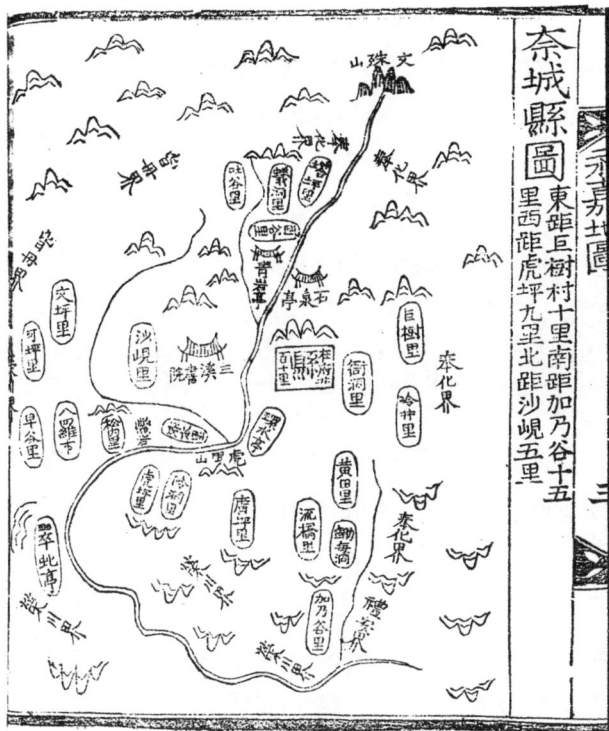

图 15 《永嘉志》中收录的奈城县图

该地图绘有与权橝一族有关的青岩亭、石泉亭、三溪书院。

尚道一样，全罗道的农田面积在朝鲜王朝迅速扩大，然而其土地开发与庆尚道呈现出不同的形态。下文以海南尹氏为例，介绍全罗道，特别是其海岸地区的开发模式。

海南尹氏渔樵隐派以全罗南道海南莲洞为世居地，其宗孙家族收藏了大量古文书，其中一部分在建于宗孙宅对面的宝物馆中展示。以韩国精神文化研究院郑求福为中心的团队对这些古文书进行了调查，其中大部分收入《古文书集成三·海南尹氏篇》刊行出版。海南尹氏渔樵隐派以尹孝贞（1476—1543）为派祖，而其家门以尹孝贞的四世孙尹善道（1587—1671）闻名。尹善道虽然曾任高官，但更为著名的是其在文学史上的地位。他留下了许多"时调"（朝鲜特有的定型诗歌）的杰作。

这些古文书中包括许多分财记，从中可以得知这个家族的财产似乎在18世纪初达到最大规模。尹善道的曾孙尹斗绪给12名子女留下了奴婢584名、农田2 400多斗落的巨额财产。假设这个时期的1斗落相当于150—200坪，那么尹斗绪拥有120—160公顷的农田，远超权橃一族所拥有的农田规模。

海南尹氏农田所有的特征，是在海岸地区拥有大量耕地，而权橃拥有的土地，除春阳以外都以小面积分散

图 16 海南尹氏渔樵隐派的宗孙家

地存在，两者形成鲜明的对比。这种集团式的农田所有，与海岸地区干拓式（填海造田）的农田开发相关。

在这些文书中，1675年和1676年分三次向官府提交的诉状反映了海南尹氏开发海岸地区的情况，因此受到关注。提交诉状的是尹善道之子尹仁美（1607—1674）拥有的奴，其名为洪烈。洪烈诉讼的内容大致如下：

> 万历初年，海南地区东至牛洞大路、南至堂山、西至海边、北至椒皮寺北岭的地区皆为荒地，因此我的上典（主人）的祖先向官府提出申请，请求将这些地区作为自己的农所，并得到认证。起初，有许多人迁移到当地，进行开发和耕种，没有任何问题发生。然而，在土地的所有权得到官方认证后，当时的主人因官职变动远赴汉城，不在当地居住，无法悉心管理土地。随着时间推移，在农所耕作的人谎称这些土地为自己所有，随意卖掉土地或在量案上登记自己的名字。从官府的许可书上可以看到，这些农所都属于我的上典，希望处罚那些非法宣称所有权的人。

诉状中所述的尹仁美的祖先，指的是尹善道之父尹唯几（1554—1619）。他于1580年文科及第，前往汉城。因此，他设置农所的时间"万历初年"指的应该就是1580年（万历八年）。尹唯几设置农所的手段被称为"立案折受"。这是以开垦一定地区内的土地为条件，向官府申请该土地的所有权并得到官府许可的方法。在实际开垦时，由土地所有者出资，奴婢或普通农民提供劳动力。

　　在朝鲜王朝前期的史料中，可以看到许多关于朝鲜半岛西海岸地区干拓进展的内容。朝鲜半岛西海岸有着世界数一数二的潮差，涨潮和退潮的落差常常被用以干拓。干拓之方法，通常是由居住在汉城的两班或地方有势力的两班"立案折受"，再动员奴婢或普通农民填海造田，形成农田。以这种方式形成的农田被称为"堰田"，海南尹氏拥有的土地应该就包括许多这样的堰田。总之，在庆尚道北部的山区，在地两班阶层主导开发了山区的平原地带；而在全罗道的沿海地区，两班阶层也主导推动了农田的大规模开发。

第五章 两班的日常生活

关于《琐尾录》

通过第一章到第四章，我们了解了在地两班阶层的形成过程及其经济背景，那么当时两班的日常生活是怎么样的呢？如果想要了解这些情况，两班自己写的日记是最珍贵的史料，但遗憾的是，至今还未发掘到能够窥探16世纪和17世纪在地两班阶层日常生活的日记。众所周知，现存有很多朝鲜王朝末期即19世纪以后的日记，其中包括在地两班阶层的日记。但18世纪以前的日记，还需期待今后的史料发掘。正如前文所述，权橝的日记也留存了下来，但是他的日记只记录了他担任中央政府官员时期的公务活动，因此无法从日记中了解他私下的生活日常。

　　基于这一原因，本章将以一部由在京两班阶层书写的日记《琐尾录》为材料，介绍 16 世纪当时两班阶层的生活情况。

　　《琐尾录》是一位居住在汉城、名叫吴希文的人所写的日记。作者吴希文（1539—1613）虽然是属于海州吴氏一族的在京两班阶层，但他本人是无官职之人，晚年随着长子的出人头地，获得了缮工监监役这一名誉职务。吴希文有四子三女，长子吴允谦文科及第，在 17 世纪前叶的仁祖时期，官至领议政（相当于宰相的地位，正一品官），是当时官僚中地位最高的官职。吴允谦曾在 1617 年作为通信使前往日本。

　　1591 年十一月二十七日（农历），吴希文带着两名男奴前往全罗道。此次出行的目的，一是拜访担任全罗道长水县长官的妻弟李赟和嫁到灵岩的姐姐，二是向在长兴（全罗道）和星州（庆尚道）的外方奴婢征收身贡。但在旅行途中，1592 年四月，丰臣秀吉侵略朝鲜，"壬辰倭乱"爆发。吴希文在逗留长水的途中恰逢战争爆发，此后十年他一直过着避难生活。

　　吴希文从长水转移到忠清道林川，在这里度过了四年的避难生活。之所以决定住在林川，是因为吴希文在该地区有许多友人，而且长子吴允谦的朋友、与吴希文的长女结婚的申应榘在距离林川很近的全罗道咸悦担任长官。住在汉城的妻子等家人也搬到林川后，吴希文一家一直在林川生活。但在1597年，由于吴允谦要赴任平康的长官，全家搬到了江原道平康居住。虽然在从林川去往平康的旅途中发生了吴希文最疼爱的小女儿因病逝世的悲剧，但全家人还是到达了平康，并在那里继续度过了四年的避难生活。直到1601年二月，吴希文一家才回到汉城的故居，结束了长达十年的避难生活。

《琐尾录》记录了这十年间发生的事情，日记由记录从汉城出发当天到1592年六月旅行情况的《壬辰南行日记》和记录从1592年七月到1601年二月二十七日避难生活的《日录》两部分组成。特别是《日录》部分，一天不落地记录避难生活每一天所发生的事情，作为日记史料具有出色的史料价值。《琐尾录》之名，取自《诗经》中的诗句"琐兮尾兮，流离之子"，象征着流浪生活的艰苦和悲伤。

由于《琐尾录》是"壬辰倭乱"期间写下的日记，其史料价值得到认可，1971年，韩国国史编纂委员会出

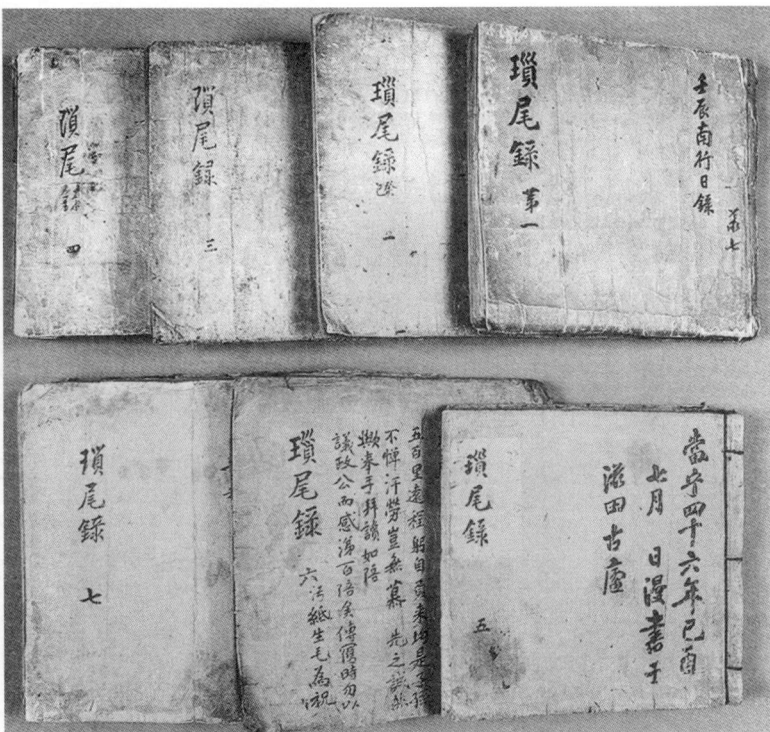

图 17　在京两班吴希文旅行时写下的日记《琐尾录》

版了活字本。1990年，吴希文的后代同族集团海州吴氏楸滩公派宗亲会（楸滩是吴允谦的号）出版了李民树翻译的现代韩语译本。从1991年4月开始，我与家人一起在首尔生活了一年半，在首尔期间得知《琐尾录》的韩文译本已经出版的消息，但由于这本书是非卖品，在古书店也很难找到，求书心切的我于是来到位于首尔江南区清潭洞的海州吴氏楸滩公派宗亲会的办公地。宗亲会会长吴世荣亲自接待了我，我向他说明了访问目的，于是他欣然赠与我译本。吴世荣先生的住所恰好与我在同一栋公寓，所以接待中对我十分亲切。

关于韩国人对学术研究的宽容，再容我插入几句闲谈。我经常会就自己的研究主题，找韩国的同学，或到各地的郡厅或面办事处、农田改良组合办事处查找资料。如果是为了研究而来查找资料，无论是在哪里，对方都会非常大方地提供资料。有时还会占用办公室的一侧，用自带的复印机复印资料。在这种时候，我总是想，如果是在日本，会那么容易就让我查看资料吗？在楸滩公派宗亲会办公室的事情让我更加坚定了这种想法。

话虽离题，下面就用《琐尾录》来了解一下两班的生活方式和思考方式。但是，考虑到《琐尾录》的作者是居住在汉城的两班，而且该文献是记录战争期间在避难所生活的日记，需要注意该史料的局限性。

两班的日常生活

两班最为重要的生活信条是"奉祭祀、接宾客"，即尽心诚意地祭祀祖先和以礼相待亲友等访客。从《琐尾录》中可以充分看到，吴希文虽然过着避难生活，但仍然十分忠于这一信条。

从"奉祭祀"的情况看，居住在平康的1598年这一年间，吴希文主持举行了28次祭祀，平均每月进行2次以上。更何况，进行一次祭祀需要从几天前就开始准备祭品，因此祭祀在吴希文的日常生活中占据很大比重。特别是因为离开了汉城的故居，祭祀用供品的准备工作不如想象中的顺利，所以吴希文不得不格外费神。日记里经常会记录下未能充分准备供品的惭愧的心情。

从"接宾客"的情况看，虽然是避难生活，但却频繁地有客人来访。另外，吴希文也经常去别人家拜访。访客空手而来的情况很少见，通常会带着各种礼物前来，吴希文也会在客人离开的时候给客人回礼。而与这些访客之间的礼物往来，对支撑吴希文一家的避难生活起到很大作用。

在访客中，尤为重要的是林川和平康周边地区的地方官员。地方官们之所以经常拜访吴希文的家，可能与其长子吴允谦有关。但是这些地方官提供的食物等各种物品对吴希文一家的经济生活起到了决定性的作用。

这种现象虽然是因为吴希文一家的特殊情况，但在两班的经济生活中，礼物交换，即赠答经济，起到了很大的作用，是相当普遍的现象。

16世纪的日记史料除了《琐尾录》外，还有柳希春的《眉岩日记》。柳希春是全罗道海南出身，与第四章介绍的海南尹氏家族关系密切。此人与权橃一样，因"良才驿壁书"事件被连坐，流放至济州岛，后来又重新回到中央政界。《眉岩日记》是他记录1567—1577年间担任中央政府官职时的生活的日记，日记体量庞大。在这本日记中，柳希春一一记录了礼物往来的情况，这10年间，他收到礼物的记录有2 788次，送出礼物的记录有1 053次。如果把两者相加，就相当于有3 841次礼物往来的记录，平均下来，几乎每天都有礼物往来。收取柳希春赠礼的人中，离柳希春出生地海南较近的全罗道南部地方官员占很大比重。

赠答经济的作用很大，换句话说，货币经济在经济生活中所占的比重很小。如果从居住在汉城的柳希春的情况看，赠答经济的作用很大，那么不难想象在农村居住的在地两班阶层生活中，货币经济所占的比重则更小。因为，对于拥有大量奴婢的两班来说，日常生活中所需的各种物品，大部分可以通过让奴婢生产或通过奴婢的身贡来获取。

《琐尾录》中经常出现有关地方场市的记述。场市也简称为"场"，是每五日或十日举行的定期市。场市的广泛形成始于16世纪，通过《琐尾录》也可以看到，场市正开始逐渐普及。但是，在场市中起到货币作用的是棉布和大米。吴希文在林川居住时的日记中，完全找不到有关金属货币的记录。虽然在平康居住时期的日记中提到了银钱，但这可能是"壬辰倭乱"时期来到朝鲜的明朝士兵们携带的银钱在临近汉城的平康地区通行的缘故。

像这样，在16世纪的朝鲜社会，很少看到货币经济发展的情况，这一点也可以通过土地买卖文记进行确认。土地买卖文记是指买卖土地时制作的买卖凭证文书，由卖家制作后交给买家，买家将该文记作为自己所有权的根据。《庆北地方古文书集成》中收录了大量在地两班家

113

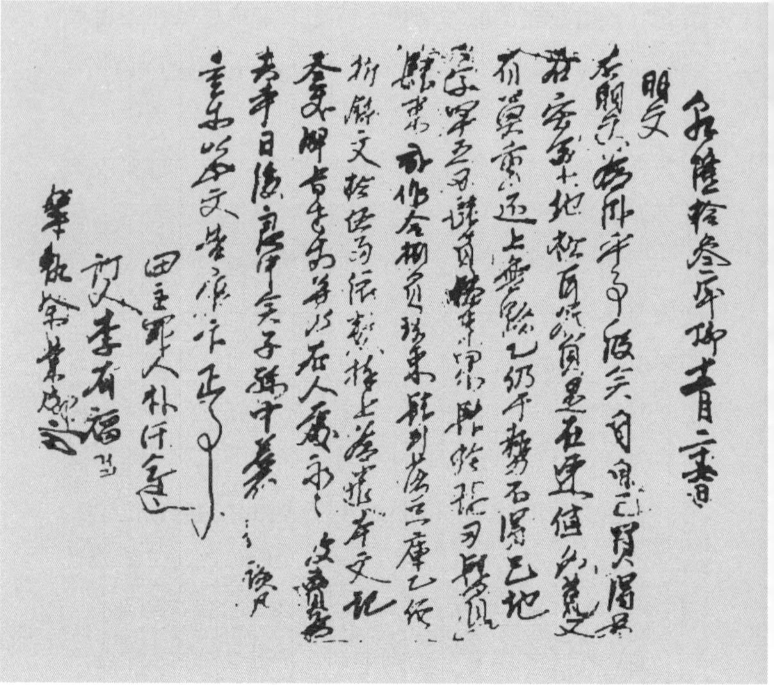

图 18　权橃宗孙家保存的土地买卖文记（英祖二十四年［1748］制定）

族收藏的土地买卖文记，在17世纪中叶以前的文记中，只有棉布和大米作为土地买卖的支付手段；但是到了17世纪中叶以后，作为支付手段的铜钱快速占据主要地位。当时，政府开始铸造铜钱"常平通宝"，铜钱也迅速地普及到农村地区。

16世纪货币经济的低水平发展与当时统治阶层两班的存在形态息息相关。在两班阶层中占绝大多数的在地两班阶层，最重要的一点是居住在农村地区。他们的出身母体——高丽时代的吏族阶层则居住在邑内，即各地方设有地方官衙、有城墙包围的小都市，而在地两班阶层则在从邑内向纯农村地区移居的过程中逐渐形成。这种两班阶层向农村地区移居，是为了推进上一章所说的开发，同时也是为了区分出身母体的吏族阶层与自身。

在地两班阶层由农村居住者形成这一点，从货币经济发展的角度看，分明起到了抑制作用。在首都汉城和旧都开城或平壤之外的地方，几乎看不到城市的形成，原因也是如此。两班阶层中体现的极端抑末思想，即贱视商业的想法也与在地两班阶层的存在方式有关。在中国士大夫阶层中，可以见到很多商人出身的人，但在朝鲜，商人出身的两班是不可能存在的。

在吴希文的日常生活中，"奉祭祀、接宾客"非常重要，但这并不意味着他只做这些事情。作为家长，他要抚养家族成员，指挥和监督奴婢，等等，生活十分忙碌。关于与奴婢的关系，我们将在下一节进行探讨。作为家长，他的感情也很深厚细腻。对母亲的孝顺在《琐尾录》中随处可见。对吴希文来说，在从林川去往平康的途中，年幼的小女儿的去世是最令他痛心的事。小女儿端儿在1597年二月初一上午病亡，在当天的日记中他写道：

前年九月二十日，卒得此病，累月辛苦，至于此而永隔。哀恸之心尤极，胸肠欲裂。其在平日，形貌端正，性度温雅，颖悟特异。虽在年幼，颇识事理轻重是非，亦能文字。孝爱父母，友于兄弟，亦出于天。寻常衣服饮食，必在人后，其所服之物，稍胜于其兄，则辄自换之。天性如此，故余夫妻极爱极重。长宿余之衾下，自去年始免。余出而还，则辄先出迎，即解带脱衣，更不可得。哀恸奈何。虽病势极重，唯有庶几之望，迟留中路，至于此而竟不得救。寿夭在天，虽不可容人力于其间，最所

痛恨者，行在客中，医药全废，只恃天命，而不致
人事，尤极哀恸。

这段话充满了对年幼而亡的小女儿的思念之真情，是
《琐尾录》中最令人心痛的一段话。

两班和奴婢的关系

对于不从事体力劳动的两班阶层来说，代替自己
"手足"的奴婢是不可或缺的存在。仅没有奴婢这一点，
就不可能作为两班被社会认可，可见两班和奴婢之间有
着不可分割的关系。奴婢作为两班的"手足"，不仅要
负责两班家庭内部的各种杂事，而且是两班不可或缺的
负责土地耕作的劳动力。奴婢是如此重要的存在，但两
班和奴婢的关系具体是什么样的，奴婢的日常生活是什
么样的，仅凭现存史料来看还有很多不明确的地方。在
《琐尾录》中，可以看到很多有关吴希文的奴婢的记述，
因此，让我们通过这些记述来讨论上述问题。

奴婢们具体从事哪些工作呢？首先，奴婢负责两班
主人及家庭内的各种杂事。其中尤为重要的是，在赠答
经济的习惯下，负责搬运各种礼物。两班到亲朋好友处

拜访送礼时，负责搬运礼物的就是男奴。两班自己不上门拜访，吩咐男奴送礼物的情况也很多。从吴希文赴全罗道地区旅行时带着两名男奴前往可知，两班旅行或外出时一定会带着男奴。负责这一任务的是特定的奴婢，他们要么住在两班的宅邸内，要么住在很近的地方。

奴婢负责的第二个重要任务是从事农业劳动。不仅是像之前看到的权橃那样拥有大量土地的两班，即使是只拥有少量土地的两班，土地的耕作也由奴婢负责。在林川居住时，吴希文为了维持每天的粮食供应，租借了地方官员的土地（屯土）。《琐尾录》中就记述了奴婢在这片租地耕作以及吴希文监督奴婢的情形。

从耕地、播种到收割，各项农事计划都是由吴希文制定，奴婢在吴希文的指挥下从事耕种。从吴希文的情况看，有可能是因为在避难所临时居住的缘故，也有可能是因为耕地面积小，所以亲自指挥农耕。但对于大量土地所有者，农耕的指挥监督工作往往也由奴婢负责。

奴婢不仅从事农业活动，还从事商业活动。在《琐尾录》中经常出现"反同"一词。"反同"是指，在价格低的地区购买某种商品，例如棉布，然后将其运送到价格高的地区进行销售的行为。吴希文经常谋划利用地区

图 19 从事农业作业的奴和指挥监督的两班

间的价格差异赚钱的商业行为，但直接从事商业行为的却是奴婢，尤其是男奴。两班本身虽然不可能进行商业行为，但存在利用奴婢进行商业行为的情况。

如上，奴婢按照两班主人的命令从事各种活动，那么两班和奴婢之间的关系又是怎样的呢？奴婢之所以成为奴婢，最主要的原因莫过于他是人格不自由的存在，这在其可以被当作财产进行买卖中得到象征性的体现。从收录在《庆北地方古文书集成》中的奴婢买卖文记和权橃家的分财记中出现的"买得奴婢"的存在来看，奴婢买卖非常盛行。

奴婢被视为其所有者的财产，不仅可以被买卖，而且如前文所述，也会成为继承对象。在继承时，奴婢家庭中的父母和子女或者兄弟姐妹们经常由不同的人继承，奴婢的家族因继承而解体的情况时常发生。

正因为奴婢独立的人格地位没有得到认可，即使主人惩罚奴婢，只要没有造成死亡，主人就不会受到任何处罚。在《琐尾录》所记 1597 年六月二十六日条中，出现了吴希文的奴汉卜逃跑的事件。而且他不是一个人逃走的，而是带着一名吴希文的婢，偷了别人家的马逃走的。吴希文立即派人追捕，汉卜一行人很快被抓获，吴希文用杖打了汉卜七八十次后，将汉卜交给了官吏。事件的结尾是，被送进监狱的汉卜因为被用拷问工具上刑而死亡。在这种情况下，吴希文体罚汉卜的行为，不用负任何法律责任。

奴婢的地位就是如此悲惨，但切忌只强调这悲惨的一面。奴婢的另一面是他们坚强地生活着，一直隐秘地存在着地位提升的可能性。如果不从这两面看，就会对朝鲜时代奴婢的史象产生误解。

奴婢们的顽强性和成长的可能性，最重要的原因是他们大多已经形成了家庭，拥有独立经营的能力。

下面也是与前文所述的吴希文的奴汉卜有关的故事，《琐尾录》1595年五月十八日条中记录了这样一段话：

> 令宋奴、粉介、福只等，芸前日未毕薏苡田，移芸粟田。而骤雨有时而作，不克芸，可恨。但薏苡田畔，使汉卜种粘唐一升，而只种一亩而苗稀。必汉卜者偷种，而自种其田。甚憎甚憎。大抵余家田畚，皆是汉卜之落种，而苗生则亦皆稀种。想亦偷用，尤可痛甚。

这段记述最引人注意的是，奴汉卜将吴希文的部分种子用于播种自己的农田。也就是说，汉卜在耕种吴希文土地的同时，自己也在经营耕地。奴婢们虽然人格不自由，但被允许拥有自己的土地，买卖土地或让后代继承土地在法律上被认可。以奴婢身份拥有广阔土地的事例也广为人知。

奴婢不仅拥有或租借土地，自己经营农业，还进行商业行为。上文介绍了《琐尾录》中记录的"反同"商业行为，吴希文的奴仆德奴也进行了这种"反同"行为。从《琐尾录》1600年九月四日和十月九日的两条中可以看到相关记述。从主人那里得到休假的德奴，为了"反同"棉花而于九月四日启程，吴希文也趁机将自己购买的棉花交给德奴进行"反同"。十月八日，德奴归来，他说自己的棉花都卖了，而吴希文交给他的棉花没有卖出去，就带回来了。从这一段记述可以看出，德奴用自己的资金购买棉花，然后在其他地区出售，从中获利。

德奴与自己的母亲关系不和，不堪其不孝的吴希文用杖将德奴打了一顿的故事记载于1594年四月十四日条。从这段记述中可以看到，德奴与母亲共同生活，换言之，他们形成了家庭。对奴婢来说，这种家庭的形成，是支撑奴婢的农业经营和商业行为的基础。

在《琐尾录》中可以看到很多吴希文对奴婢怠惰和"不正"的不满、愤怒。奴婢的农活效率低下以及在场市售卖或购买时减少商品数目、虚报价格等令吴希文头痛的事情接连出现。出现这种怠惰和"不正"对于奴婢这种不自由劳动者来说是必然的，就像前文介绍的汉卜和德奴一样，他们对于自己的经营则不会怠惰。

因此，不能把两班和奴婢之间的关系看成单方面的支配与服从的关系。奴婢对于两班阶层来说，从某种意义上讲，是不能掉以轻心的存在，其根源在于奴婢为了提高自己的地位而进行的不懈努力，这一点不容忽视。

两班和奴婢的关系最紧张的情况是在奴婢企图逃跑的时候。或许是因为当时正处于与日本的战争中，《琐尾录》中出现了很多关于逃亡奴婢的记述。在奴婢逃亡的时候，正如前文汉卜的事例，两班会严加惩处，但不顾被追捕而逃跑的奴婢仍比比皆是。

在 16 世纪时，逃亡成功的奴婢一般会在其他地区再次成为别人的奴婢。因此，逃亡绝不意味着奴婢身份的解放，但正如后来看到的那样，朝鲜王朝后期，持续不断的奴婢逃亡是导致奴婢制崩溃的重要原因之一。

第六章　两班统治体制的确立

乡案、乡所、乡约

16世纪大举形成的在地两班家族开始凝聚为一个社会阶层，为了确立自己在当地的地位，他们结成了各种各样的组织。下文将介绍在这些组织中发挥核心作用的乡案组织，以及各地缔结的规约——乡约，进而考察地方两班统治体制的确立过程。

乡案是各地制作的两班名簿。在安东地区，当地有权势者结成团体并制作其名簿，目前留存下来的名簿中，最古老的是在1478年制作的"友乡楔轴"。这是当时居住在安东府内的有权势者为了和睦相处而组织的，共有13人参加。这13位有权势者中，权橃的祖父权琨以及其兄权玠之子权叔衡（权玠已在 1478 年去世）均加入其中。"友乡稧轴"成员的后代又成立了名为"真率会"的组织，权橃的父亲权士彬及其兄权士英加入了这个组织。

乡案组织在这些形成于 15 世纪的当地有权势者的友好组织的基础上逐渐形成。安东地区在地两班阶层的名单——乡案中，现存最古老的是制作于 1589 年的名为"乡录"的名簿。该名簿共记录了 289 名在地两班阶层的名字，其中权姓多达 70 名，是人数最多的姓氏。权氏大部分为安东权氏，可见安东权氏在安东地区两班阶层中拥有非常强的势力。这个乡案组织设有 1 名座首和 3 名别监作为干事。

出身于酉谷权氏的成员则有权橃的长男权东辅和权橃之孙权采、权来和权耒，共 4 人，其名字列于名簿中。由此可见，酉谷权氏在安东在地两班阶层中也确立了自身的地位。

如前所述，乡案是在地两班阶层的名单，但要使名字被记录在乡案上，还需要经过严格的资格审查。有一段著名的逸话说明了乡案入录条件的苛刻程度。有一位名叫宋纯的人，他出生于以产竹闻名的全罗道潭阳。由于其外家，即母亲一系是从南原移居到潭阳的家族，且从未出过显赫的官员，宋纯没有获许入录潭阳乡案。宋纯担任司宪府长官大司宪（从二品官）时因扫墓回乡，在此期间，潭阳召开了乡会（被登记于乡案者的聚会），宋纯款待宴请了各位长老，才获许参加乡会，并被认可入录乡案。正如这段逸话所示，即便身居政府高层职位，也无法仅凭这一点就被允许入录乡案。

上述安东乡录（乡案）的登记资格，依据的可能是郑士诚编写于1581年的《乡约》。在《乡约》中，登记乡案时需要特别严格审查的对象包括庶孽（庶子）、犯下违背人伦罪行者的后代、乡吏出身者、出生于其他地区而与安东女性结婚后居住于安东的人、出生于安东而与其他地区女性结婚的人。其中，特别被严格限制的庶孽及乡吏出身者，他们只有与清族，即当地有权势者经过四五代的持续通婚之后，才被允许入录于乡案中。

对于庶孽和乡吏出身者特别严格地加以限制，是因为他们在某种意义上与在地两班阶层有着非常亲近的关系。庶孽不是正妻所生之子，仅因这一点就受到了两班的差别待遇，而乡吏则是在地两班阶层的出身母体。有趣的是，比郑士诚撰写《乡约》早半个世纪，即制定于1530年的安东乡案中，并不存在对乡吏阶层的限制。

1530 年制定的乡案被称为"嘉靖乡案"。嘉靖乡案现已不存，其中一部分收录在 18 世纪时为了记录安东乡吏事迹而编纂的《安东乡孙事迹通录》中。《安东乡孙事迹通录》中记载了 15 名登记于嘉靖乡案的人物，他们都属于乡吏阶层。在原来的嘉靖乡案中，除了这 15 人以外，应当也登记了两班阶层的名字，但不管怎么说，在嘉靖乡案制定时期，乡吏阶层是被允许入录乡案的。关于这一点，《安东乡孙事迹通录》中也提到"乡案完议，虽是名门巨族，一有欠缺于三舍，则毋得举论。若乡吏之曾孙及女婿、外孙，并勿拘，许录"，这说明不对乡吏阶层入录乡案加以限制是安东的旧例。

《安东乡孙事迹通录》是乡吏阶层为了彰显自己的祖先而编纂的，因此其史料价值还有许多值得商榷的地方，不过在 1581 年编纂新《乡约》的郑士诚本人，对其编撰目的也有如下阐述：

> 吾乡在乙未前，虽清门士族，结昏之际或惟视田民之多寡、财产之贫富，不择族系之所出、门户之高下，而相为联结者，比比有之。其弊风陋矣。前郡守李股痛愤此弊，一时划剔。虽或过中，而亦

岂无所见邪?

如上文所述，在安东地区，直到 16 世纪前期，在地两班阶层的阶层封闭性还不强，两班阶层与乡吏阶层常有通婚。乡案中允许登记乡吏阶层也反映了这种社会风气。因此可以说，在安东地区，到了郑士诚《乡约》或以此为基础制定的 1589 年"乡录"的时期，才制定了只记录在地两班阶层名簿的乡案。

上文已多次提及，在地两班阶层的母体是乡吏阶层，其中进入中央政界的人或者其后代再次回到农村定居，形成在地两班阶层。具有这种出身的在地两班阶层，为了确立地域社会统治阶层的地位，就有必要明确地将自己与乡吏阶层区分开来，为了达到这一目的所采取的措施，就是在乡案中排除乡吏阶层。安东的"嘉靖乡案"到"乡录"的变化生动地反映了这一过程。

在安东地区，自 1589 年"乡录"制定以后直至 19世纪末，作为在地两班阶层名簿的乡案被持续制作。到了朝鲜王朝后期，在乡案和乡案组织之外，还出现了继承"友乡稧"和"真率会"谱系的组织。这就是所谓的"世好稧"。

世好稧由友乡稧、真率会成员的后代组成，成立于
1702 年。世好稧是由 12 人发起成立的，12 人中有 11 名
属安东权氏家族。而后有 61 人响应这一发起，加入并成
为其正式成员，其中权橃祖父权琨的子孙有 14 名。世
好稧在安东权氏的主导下成立，是安东在地两班阶层中，
由 15 世纪友乡稧成员的后代组成的特权组织。

乡案组织作为在地两班集团的集合体，直接或间接
地积极参与地方行政。朝鲜时代负责地方统治的是中央
派遣的守令，但守令的任期过短，更换频繁，且不能到
自己的出生地赴任。守令并不熟悉地方的情况，为了弥
补这一不足，每个地方都设立了乡所（也称乡厅）。而
且，乡所的成员正是登记于乡案者，前文所述的乡案组
织，具体指的就是乡所。

乡所中设置一名座首和数名别监作为干事，平时由
这些干事运营乡所。乡所的日常工作中，最重要的就是
监督乡吏阶层。乡吏阶层作为地方统治实务的负责人，
在被称为作厅的场所工作。对乡吏阶层的指挥权握在守
令手中，但由于守令不通晓地方情况，所以由乡所辅佐
守令以监督乡吏，有时还亲自指挥乡吏。守令、在地两
班阶层和乡吏阶层的关系如图 20 所示。在地两班阶层就

这样通过乡所，成为地方统治体制中的一大势力，被认为有着"亚官"，即准官员的地位。

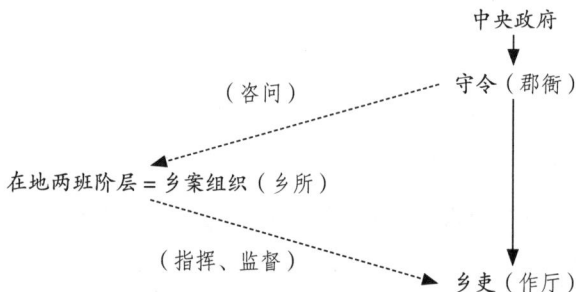

图20 地方统治体系的概念图

在安东地区，在地两班阶层成为地方统治的一大势力，进而构筑起坚固的地位是在16世纪后半叶以后。乡案和以此为基础组织的乡所在15世纪就已经存在，但正如前文所示，直到16世纪前半叶，乡案中还存在着乡吏阶层；乡案成为纯两班阶层的排他性或封闭性团体要到16世纪后半期。而且，在这段时期前后，各个地区也都出现了与安东地区相似的情况。

乡案组织（乡所）除了监督乡吏阶层，在维护地方的风俗和秩序上也发挥着重要的作用。出于这个目的，各个地方都制定了乡约。乡约由中国北宋时期吕大钧、吕大临兄弟首次实施，旨在维护地方道德秩序，鼓励地方居民相互帮扶。吕氏兄弟制定的《吕氏乡约》在朝鲜王朝时期也得到了应用，1517年，金安国刊行了用韩文书写的《谚解吕氏乡约》并逐渐推广普及。初期的乡约由地方官推行，其内容也照抄《吕氏乡约》，但到了16世纪中叶之后，乡约逐渐由在地两班阶层制定，内容也根据地区的不同，增加了自身独有的项目。

最早制定安东地区乡约的，是朝鲜首屈一指的朱子学者李滉（号退溪，1501—1570），在此之后，以李滉的乡约为模板，又制定了多种乡约。此外，之前介绍的郑士诚《乡约》是作为在地两班集团的内部规约而制定的，与包括一般民众在内的地方社会全员应遵守的规则"乡约"相比，两者性质不同，名称上容易产生混淆。如郑士诚《乡约》这样的在地两班集团的内部规约，学界通常称为"乡规"。

在安东的乡约中，金圻（1547—1603）于16世纪末制定的乡约广为人知。在乡约中，金圻提出"德业相劝""过失相规""礼俗相交""患难相恤"作为乡约的四大项目，并详细说明各个项目的内容。而且，对于违反乡约规定的人，金圻也按其行为内容制定了相应的处罚规则。

上述内容虽然与李滉制定的乡约区别不大，但金圻的乡约中还制定了"下人约条"，规定下人，即两班以外的普通民众，违反乡约时应受的处罚，这一点特别引人注目。这表明金圻的乡约不仅包括两班阶层，还包括了普通民众，是地方社会全体民众的规约。在安东地区，16世纪末首次确立了作为地方社会全体成员规约的乡约，这和乡案组织成为在地两班集团的封闭性团体的演变，可以说是在同一时期发生的。

奈城洞约和酉谷权氏

在酉谷权氏的世居地酉谷所在的奈城县，也形成了在地两班阶层的团体，即乡案组织，并制定乡规作为彼此之间的规约。酉谷权氏并非奈城出身，而是从安东移居而来的，从奈城出身的两班阶层的角度来看，酉谷权氏属于外来者。因此，酉谷权氏并不能轻易地获许入录乡案。通过考察附于奈城乡规中的两班名簿，我们可以一窥酉谷权氏在奈城确立其地位的过程。

奈城的乡规名为"奈城洞约"，最早的作者是李弘准，虽然制作年代不明，但应当制定于在16世纪前半叶。李弘准因1498年发生的士林派肃清事件（"戊午士祸"）而隐退官场，在奈城过着隐居生活。在奈城居住期间，李弘准开始制定洞约。洞约的"座目"部分记有发誓遵守洞约之人的名字，可以被看作乡案的一种。最初制作的奈城洞约的座目中共列有 18 位人物，但没有权橃的名字，只有权橃之弟的名字。

李弘准制定的《奈城洞约》于 1554 年进行了首次修订。而且，从座目的"追入"（追加加入）记载中可以得知，在 1554 年进行修订之前，权橃就加入了洞约的座目。在权橃一度失势、居住于酉谷的时期，他也被允许加入，成为座目中的一员。

从 1554 年新洞约所附的座目中，可以看到权橃的长子权东辅也加入其中。此外，从 1554 年之后追入座目者的名单中，还可以看到权橃次子权东美及其两个儿子权采、权来的名字。就这样，权橃的后代加入了奈城洞约，逐渐确立了在地两班的地位。

16 世纪末发生的"壬辰倭乱"给地方社会带来了强烈的动荡，而奈城在"壬辰倭乱"爆发后，似乎也出现了无法完全遵守洞约规则的情况。于是，在 1611 年，一位名叫李权的人物提议再次刊印 1554 年的洞约，并宣誓遵守洞约。1611 年以后被允许新录入座目的人中，权来的三个儿子权尚忠、权世忠、权硕忠和权采的三个儿子权尚贤、权尚信、权尚节均在其中。由此可见，当时酉谷权氏的所有男性均位于座目中。

奈城洞约于 1660 年全面修订，更名为"里社完议"，1716 年又制定了新的规约《社约节目》。1716 年十月九日，在供奉权橃的三溪书院举行了制定《社约节目》的集会，正如其举办场所所象征的那样，到 18 世纪初，酉谷权氏在奈城在地两班阶层中的地位依然稳固。《社约节目》的约案中共记有 143 名两班的名字，其中权橃的直系子孙占了 34 名，是同族集团中最大的势力。社约的长老"契长"也由权橃的宗孙权斗寅担任，在 2 名副契长中，也有 1 名由权斗寅的六寸兄弟（两人的父亲为堂兄弟）权斗经担任。

像这样，通过附于奈城历代乡规的在地两班名簿，可以看到酉谷权氏在奈城逐渐确立地位的过程。酉谷权氏以当初作为外来者入住奈城的权橃作为祖先，到 18 世纪初奠定了其作为奈城代表性在地两班的地位。

婚姻、学缘的关系网

在地两班阶层不仅结成了以邑为单位的团体乡案组织，谋求阶层上的联合，还通过私人的婚姻关系或学问上的师生、同学关系等强化阶层凝聚力。下文以权橃一族为例，具体了解在地两班阶层通过婚姻联合的情况。

各种史料中所见的权橃一族（包括权橃之父权士彬在内）

的婚姻关系如图 21 所示。

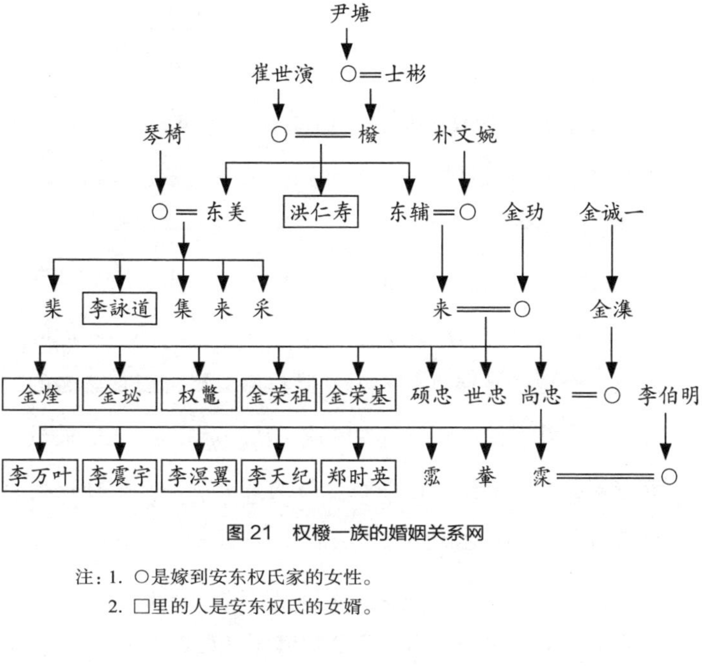

图21 权橃一族的婚姻关系网

注：1. ○是嫁到安东权氏家的女性。

    2. □里的人是安东权氏的女婿。

如前文所述，权士彬的妻子，即权橓的母亲，是在中央政界拥有巨大影响力的尹塘的女儿。和尹塘一族的联结对权橓的官场生活产生了正、反两面的影响，不过在这里需要关注的是，尹塘这样的名门家族和没有官职的权士彬之间的婚姻关系的缔结。这种现象，反映了当时即使是名门巨族也不讲究结婚对象的风俗，正如上一节中郑士诚所感叹的那样。但随着在地两班阶层形成，他们之间的阶层性联合逐渐加强，结婚对象也逐渐在同一阶层内选择。

　　权橓娶了金陵名门崔世演之女为妻。崔世演只是靠荫叙（给予对国家有显著功绩之人的儿子或孙子较低的官职）而担任基层官职的人，但其祖父崔善门是著名的人物。崔善门官至议政府左赞成（从一品官），死后被授予"文惠"的谥号。他住在金陵的贺老洞，其子孙也将贺老洞当作世居地。

　　权橓的长子权东辅娶了密阳朴氏朴文琬之女为妻，但关于朴文琬这一人物，除了知道他有直长（从七品官）的头衔之外，其他信息都不明确。权橓的次子权东美与奉化琴氏的琴椅之女结婚，奉化琴氏是奉化名门。琴椅于1519年文科及第，曾在安东附近的荣川担任长官，与李滉也颇有交情。他的妻子是制定首部奈城洞约的李弘准之女。奈城虽然在行政上属于安东府的管辖范围，但在地理上离奉化更近。与奉化琴氏的姻戚关系，对酉谷权氏成长为在地两班家族起到了重要作用。

权东美和妻子生有四子一女，共五个子女，其中女儿与李退溪之孙李詠道结婚。权东美本人也是退溪的弟子。权东美的次子权来成了权东辅的养子，继承了权橃的宗系，他娶了礼安金氏金圽之女。正如前文所述，金圽是荣川的有权势者，曾担任过安东府使。

权来长子权尚忠的妻子是义城金氏金溁的女儿。金溁的父亲是在本书第二章之"在地两班阶层的成立"里介绍过的金诚一，其一族是安东地区具有代表性的在地两班家族。不仅如此，权来的小女儿还嫁给了金溁之孙金煌。权橃家族和金诚一的后代之间形成了重叠的婚姻关系。

除了与金溁之孙结婚的女儿，权来还有女儿分别嫁给了金容祖和权鼊。金荣祖属丰山金氏一族，1612年文科及第，曾担任吏曹参判（正二品官，负责文官人事的吏曹次官）。权鼈则是醴泉权氏权文海之子。权文海号草涧，1560年文科及第，因著有类似于百科全书的《大东韵府群玉》而闻名。权文海的后代是醴泉具代表性的在地两班家门，以醴泉郡竹林洞为世居地，邻近权橃之兄权檥子孙的世居地渚谷。权尚忠的女婿李滇翼于1649年文科及第，担任忠清道观察使，致力于税制改革。

从上述酉谷权氏姻戚关系中，可以看到权橃的子孙与安东及其周边地区的代表性在地两班阶层保持着密切联系。与奉化琴氏、退溪所属的真城李氏以及金诚一的川前金氏等家族的姻戚关系即为代表性的例子。而且，随着在地两班阶层的形成，他们在自身的阶层内部通过婚姻关系强化了联合，权橃之父权士彬与中央政界名门的姻戚关系反而无足轻重。这种在地两班集团的阶层内部的通婚倾向，可以说是体现了在地两班阶层确立的指标。

在通过婚姻关系结合的同时，学问上的联系也对在地两班集团的横向联结起到重要作用。在安东地区，对这种学阀的形成产生决定性影响的正是退溪李滉。从整

图 22　醴泉具代表性的在地两班醴泉权氏的草涧亭（草涧是权文海的号）

图 23　朝鲜最初的书院"白云洞书院"

现为绍修书院，位于庆尚道荣丰郡。

理退溪弟子言行以及他们与退溪的师生关系的《陶山及门诸贤录》中，可以看到很多在本书中登场过的人名。将这些人名罗列出来，有权橃之子权东辅、权东美兄弟，川前金氏的金克一、金守一、金明一、金诚一、金复一兄弟五人，权橃之孙权来的岳父金玏，制定安东乡约的金圻，退溪的孙子李詠道，金诚一之子金溁（同时也是权橃曾孙金尚忠的岳父），权来的女婿权鼊之父权文海。

此外，《陶山及门诸贤录》也出现了许多本书没有提及但仍属安东地区著名在地两班家门的人物，这些人物的姓名在《庆北地方古文书集成》的相关古文书中亦有收录。这些人物有：以河回洞为世居地的丰山柳氏柳仲严和柳云龙、柳成龙兄弟（柳成龙在"壬辰倭乱"爆发时担任宰相，以此闻名），以安东乌川为世居地的光山金氏金富弼兄弟和金富仁兄弟，权橃祖父权琨之兄权玠的曾孙、以安东松夜为世居地的权好文，以醴泉高坪为世居地的清州郑氏郑琢，退溪祖父之兄的后代李庭桧，等等。

被誉为朝鲜第一儒者、"海东朱子"的李滉，其弟子有许多正是出生于这样的安东及其周边地区的在地两班阶层。如前文所述，在地两班阶层制定了乡约，致力于地方社会的教化，而乡约的理念就有很浓厚的朱子学色彩。安东地区乡约的原型正是退溪所制定的乡约。随着具备朱子学修养的在地两班阶层广泛定居于农村地区，朱子学也深刻地浸润到朝鲜的农村地区。

书院作为具备朱子学修养的在地两班阶层聚集的场所，具有重要的意义。书院在供奉儒教先贤的同时，还作为两班子弟的私人教育机构发挥作用，也是在地两班阶层的聚集场所。朝鲜最初的书院是1524年建成的白云洞书院（后来更名为绍修书院）。16世纪后半叶以后，各地陆续设立书院，到18世纪初，朝鲜全国的书院数量达到593个。

安东是全国设有书院最多的地区，有供奉退溪的虎溪书院、供奉权橇的三溪书院、供奉柳成龙的屏山书院等，到18世纪中叶就有10所书院。朝鲜时代作为科举考试的教育机构，政府在首都汉城设有成均馆和东、西、南、北四学，又在各邑设立乡校。不过，在17世纪以后，书院作为在地两班子弟的教育机构，发挥着更加重要的作用。书院中，拥有国王授予的"匾额"（有着国王亲笔书写的书院名称的匾额）的书院称为赐额书院，拥

图 24　屏山书院

图 25　庆州良洞村

有特权地位，甚至有着守令权限所不能及的势力。在安东的 10 所书院中，虎溪书院、三溪书院等 4 所书院为赐额书院。

同族聚落的形成

乡案以邑为单位制定，作为各邑在地两班集团的集结组织发挥作用，而婚姻和学缘的联系则起到连接各邑在地两班阶层的作用。就这样，在地两班阶层作为地方统治势力逐渐确立了地位，各个两班家族的根据地则是其世居地。入乡祖迁入之后，其子孙们世世代代住在相同的地方，那个地方就成为其家族的世居地，因此世居地通常是同族成员聚居的地区，即所谓同族聚落。可以说，在地两班阶层的形成过程，同时也是同族聚落的形成过程。

对同族聚落进行的正式调查始于 20 世纪 30 年代。朝鲜总督府出于殖民统治的需要，对其进行调查。调查的核心推动者为善生永助，其报告称，当时朝鲜全国有 1.5 万个同族聚落（善生氏称之为同族部落）。这里所说的聚落或部落，是指比行政的最基层单位洞或里的等级还低的所谓"自然村落"。虽然不清楚当时朝鲜总共存在多少村落，但据推测大概有 7 万—8 万。因此，虽然同族聚落占所有村落的五分之一，但如果追溯到更早的年代，其比重应当会更高。

虽然同族聚落在农村社会中占有如此重要的地位，但居住在同族聚落中的同族集团自然也不全是在地两班阶层的后代。不过，两班以外的阶层直到 19 世纪后才形成同族意识，因此可以推测，18 世纪前成立的同族聚落，大部分都是由在地两班阶层移居、定居形成的。

善生永助在朝鲜全国同族聚落中选出较为著名的 1 685 个，调查其形成的年代，其结果如表 2 所示。该表显示，形成时期在 300 年到 500 年前的同族聚落，比重最高。这项调查是在 1930 年进行的，因此在 1431 年到 1630 年间形成的同族聚落数量最多。其次则是形成于 1631 年到 1830 年间，而 1831 年后 100 年内形成的同族聚落数量极少。将各道以著名同族聚落数量从多到少排列，前三依次为庆尚北道、全罗南道和京畿道。在安东所处的庆尚北道，能够确定形成年代的聚居地中，形成于 1431 年到 1630 年间的聚居地占据总数的一半以上。

表 2 著名同族聚落的形成时期（1930 年当时）

	距今 500 年以上	距今 500—300 年	距今 300—100 年	距今不到 100 年	不详	计
京畿道	27	85	70	2	51	235
忠清北道	10	43	31	2	48	134
忠清南道	12	35	20	3	61	131
全罗北道	15	26	22	0	29	92
全罗南道	31	101	52	1	53	238
庆尚北道	26	110	44	4	52	246
庆尚南道	8	53	17	2	55	135
黄海道	24	53	31	1	34	143
平安南道	14	49	26	3	20	112
平安北道	7	25	9	0	7	48
江原道	12	25	14	1	27	79
咸镜南道	11	29	4	1	18	63
咸镜北道	0	12	11	3	3	29
计	207	646	351	23	458	1 685
比率（%）	12.3	38.3	20.8	1.4	27.2	100

　　接着，善生氏还调查了著名同族聚落的位置和地势，其结果如表 3 所示。最多的是位于山麓的聚落，其次是位于平原和"背山临流"的聚落。背山临流是指背靠山

表 3 著名同族聚落的位置和地势

	山阴	山麓	背山临流	溪谷	丘陵	平原	盆地	沿河	临海	沿道	计
京畿道	12	74	38	10	3	51	10	14	11	12	235
忠清北道	1	48	18	12	1	26	9	17	0	2	134
忠清南道	6	60	14	2	5	27	6	2	4	5	131
全罗北道	6	46	10	1	5	16	5	3	0	0	92
全罗南道	10	123	25	1	11	41	2	8	14	3	238
庆尚北道	8	75	72	25	8	33	5	13	1	6	246
庆尚南道	2	57	22	16	3	17	1	6	9	2	135
黄海道	1	45	8	7	4	61	1	3	10	3	143
平安南道	2	25	19	7	7	32	2	18	0	0	112
平安北道	0	11	14	4	0	11	1	2	4	1	48
江原道	2	13	17	6	0	26	1	4	1	9	79
咸镜南道	1	17	10	5	7	13	1	6	3	0	63
咸镜北道	0	8	10	1	0	2	0	2	5	1	29
计	51	602	277	97	54	356	44	98	62	44	1 685
比率（%）	3.0	35.7	16.4	5.8	3.2	21.2	2.6	5.8	3.7	2.6	100

地，濒临河流的山间小平原地带。从表中可以看出，位于山麓、"背山临流"、溪谷、山阴等位置的同族聚落占据多数。这种居住在山区的趋向，大概是受到了风水思想的影响，因为风水思想在决定居住地是否宜居上起到重要作用。由于庆尚北道山地多、平原少的地理条件，位于山麓和"背山临流"的同族聚落的比率特别高。

善生氏主要调查的对象是著名的同族聚落，接下来我们以安东为例，关注同族聚落的形成时期。庆尚北道的教育委员会在1983年以道内所有聚落为对象，就聚落名称的由来进行采访调查。该调查的重点虽然是聚落名称的由来，但有许多受访者也回答了聚落建立时期及其开拓者。调查结果被刊行为《庆北地名由来总览》，从中可以看到，现在安东郡内的1 058个聚落中，能确定建立年代的有265个。在这265个聚落的形成年代中，高丽时代有63个（23.8%），15世纪有27个（10.2%），16世纪有48个（18.1%），17世纪有35个（13.2%），18世纪有31个（11.7%），19世纪有19个（7.2%），20世纪有29个（10.9%），建立于1592年"壬辰倭乱"之后但具体年代不明的有6个（2.3%），建立于朝鲜王朝时期但具体年代不明的有7个（2.6%）。

建立于在地两班集团普遍形成的 16 世纪并传承下来的聚落数量最多，而 15—18 世纪建立的聚落占全体聚落的一半以上。在这些 15—18 世纪形成的聚落中，随着两班阶层定居而建立的同族聚落，其数量分别为：15 世纪 14 个，16 世纪 39 个，17 世纪 27 个，18 世纪 29 个。可见 15—18 世纪成立的聚落，绝大多数是在地两班阶层的同族聚落。与此相比，在高丽时代已经建立的 63 个聚落中，作为同族聚落形成的只有 13 个，大多数同族聚落都是在进入朝鲜王朝之后才形成的。

　　综上，在地两班阶层的形成过程，同时也是作为其世居地的同族聚落的形成过程，但同族聚落并不只有同族成员居住。这里居住着许多为两班拥有的奴婢，也有租借两班的土地进行经营耕作的人。此外，还出现了不同时期移居过来的两个以上的同族集团共存于同一聚落的情况。在这类聚落中，同族集团之间围绕聚落统治权发生了激烈冲突；在同族聚落中，属于在地两班阶层的特定同族集团则一直保持着统治地位。同族聚落在农村广泛形成，在两班的统治体制中起到了据点的作用，而且对于在整个朝鲜社会建立起朱子学秩序也发挥了很大的力量。

第七章 在地两班阶层的保守化和同族结合的强化

两班阶层成长的终结

正如前文所见，在朝鲜王朝前期，两班积极推进耕地开发，经济实力得到提高；同时进入中央政界，广泛形成在地两班阶层。换句话说，在地两班阶层呈现扩大再生产的样态，但从17世纪中叶开始，在地两班阶层经济实力的发展开始呈现停滞状态。在这里以酉谷权氏为例。

在第三章中介绍的权橃宗孙家所藏的9种分财记中（参考第三章之"分财记"），我们将用（4）至（9）几种分财记来观察宗孙家的经济实力的发展趋势。如前所述，在分财记（4）中，权橃给他的子女留下了317名奴婢和

2 312 斗落的耕地作为遗产。权橬的遗产规模比他继承的财产规模要大得多，换言之，权橬一代的财产规模出现了大幅扩大。

分财记（5）由权橬的次子权东美之妻在分配权东美财产时制作。根据这一分财记，权东美分给其子女奴婢341 名、农田 1 486.6 斗落。权东美从父亲权橬处继承的遗产是奴婢 88 名、农田 578 斗落［根据分财记（4）］，因此，即使算上权东美的妻子从父母那里继承而来的财产，也可以认为权东美一代的财产规模是扩大了的。

权东美的次子，后被权东辅收作养子的权来同时继承了生父权东美和养父权东辅的遗产。从权东辅处继承的份额不明，从权东美处继承了奴婢 54 人和农田 250.1 斗落的遗产。另外，根据分财记（6）的记载，权来的妻子从其父亲金功处继承了奴婢 42 人和农田 251.5 斗落。由于从权东辅处继承的份额不明，权来通过继承获得的财产规模不得而知，但如果假设权东辅从权橬处分得的奴婢 104 人、农田 741 斗落直接由权来继承的话，则权来从 3 种途径继承而来的财产合计为奴婢 200 人、农田 1 242.6 斗落。对此，根据分财记（7）的记载，权来遗留给其子女奴婢 532 人和农田 2 059 斗落，可以说在权来这一代，财产规模仍在扩大。

从权橃一代到其孙权来一代，这一家族经历了三代，财产规模不断扩大，但到了接下来这一代，即权尚忠一代，情况开始发生变化。权尚忠从父亲权来处继承了奴婢91人、农田363斗落；根据分财记（8），权尚忠留给子女的财产是奴婢136人和农田825.8斗落。考虑到权尚忠妻子继承的财产，与到权来一代为止财产规模的迅速扩大相比，这一代财产扩大的趋势已经到达了顶点。1687年，分财记（8）制成5年后，为重新进行分财而新制定的分财记（9）中，作为分财对象的有奴婢136名和农田737.8斗落。与分财记（8）相比，奴婢数量相同，但农田减少了近90斗落，由此可以看出财产规模的扩大趋势已经停止。

分财记（9）是权橃宗孙家所藏的最后一种分财记，此后的分财记没有留下，因此权尚忠之子权霖一代及以后的财产规模变动不明。但宗孙家收藏有18世纪以后的户籍资料，并且收录在了韩国岭南大学民族文化研究所出版的《岭南古文书集成（Ⅰ）》中，通过这一资料可以追踪奴婢所有的变动。

在朝鲜时期，根据国家制度，每三年编修一次户籍。在编修户籍时，各户首先要提交记载家族构成的文书，

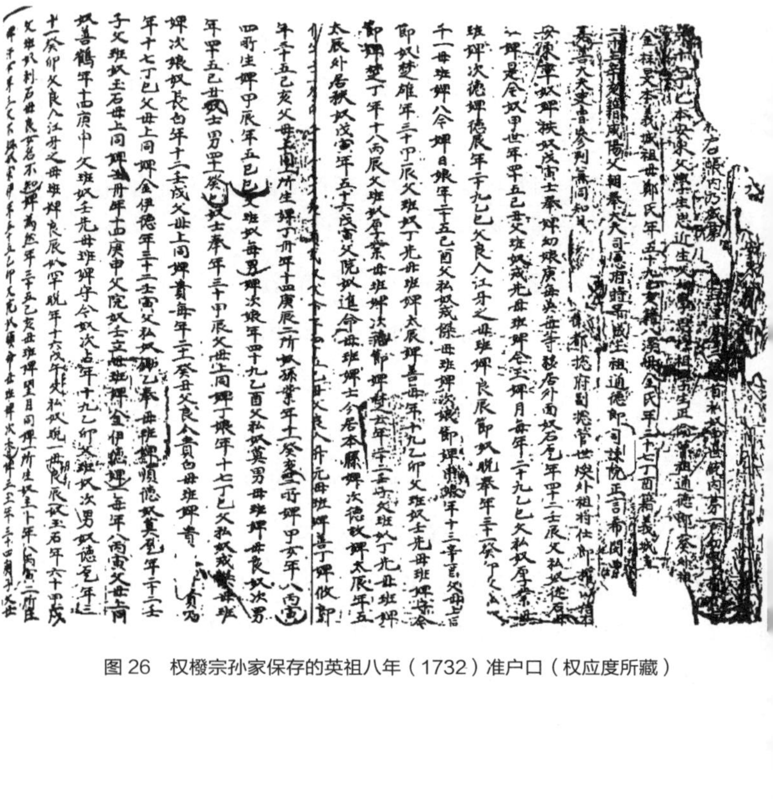

图 26　权橃宗孙家保存的英祖八年（1732）准户口（权应度所藏）

以这份文书为基础，经官府调查后，最终编成户籍大帐。当需要证明户籍大帐上记载的各户内容时，由各户提出申请，官府将户籍内容誊写成文书发给各户。由各户提交、成为户籍草案的文书称为户口单子，由官府发放的户籍内容证明书（即户籍誊本）称为准户口。留存在权橃宗孙家的资料是1727年、1732年、1735年的准户口，以及1877年至1902年期间的6种户口单子。

在1727年的准户口中，权霖的次子权斗寅（他虽为次子，却继承了宗家。有关情况参见本章之"门中组织的形成和同族结合的强化"）的孙子权正伦以"户首"的身份登场。这一准户口上记载了167名奴婢，其中有37名是逃亡的奴婢。再看1877年的户口单子，记载着54名奴婢，其中24名是逃亡奴婢，数量占前者将近一半。从这种奴婢数量的发展趋势来看，该家族到朝鲜末期为止，一直拥有一定规模的奴婢，可见其名门望族的地位。到了18世纪之后，奴婢减少的趋势非常明显，逃亡奴婢的增加也值得关注。

权橃的兄长权橄的后代形成的渚谷权氏家族也留存有很多分财记，但是这一族也出现了18世纪以后财产规模减小的现象。这一家族因养子较多而情况复杂，留存有分财记的世代的家谱关系如图27所示。

士彬 ┬ 橪
　　├ 橃
　　├ 櫢
　　└ 檣

審己
審言 ── 时 ── 尚平 ┬ 轫 ── 有庆
　　　　　　　　├ 轆 ┬ 锡庆
　　　　　　　　　　├ 寿庆
　　　　　　　　　　└ 信庆
　　　　　　　　├ 轺 ┬ 胤庆
　　　　　　　　　　└ 泰庆（出）
　　　　　　　　└ 辂 ── 泰庆（系）
審问
審思
審弁 ── 旭 ── 尚达（系）┬ 镠 ── 寿龟
審行　　　　　　　　　├ 铗 ── 寿朋（出）
審止　　　　　　　　　└ 铣（出）── 寿祺

　　── 昙 ┬ 尚正 ┬ 镽 ── 寿夏
　　　　　　　└ 锔 ── 寿朋（系）
　　　　├ 尚达（出）
　　　　├ 尚经（出）
　　　　└ 尚谨 ── 铨 ┬ 寿长
　　　　　　　　　　├ 寿昌
　　　　　　　　　　└ 寿康

　　── 晋 ── 尚经（系）── 铣（系）┬ 寿元
　　　　　　　　　　　　　　　　└ 寿泰

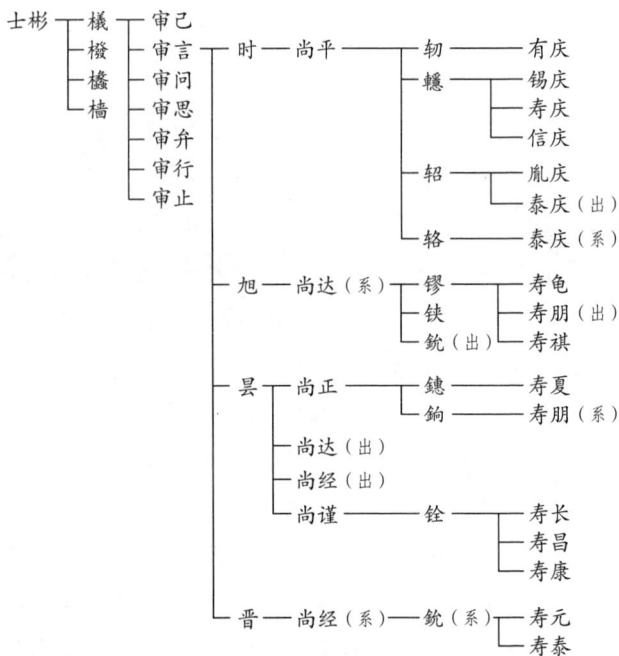

图 27　渚谷权氏世系图

注：系是指入养子，出是指出养子。

154

通过分财记可以看到该族的财产规模变化。首先权橄遗留给子女的财产是奴婢95名、农田871斗落。其中，作为渚谷权氏中心人物的权橄次子权审言分到的财产只有奴婢14名、农田141斗落。权审言的子辈和孙辈没有留下分财记，但为渚谷权氏成长为有力在地两班阶层立下汗马功劳的权尚达，即权审言次子权旭的养子，其留给子女的财产是奴婢60名、田畓251斗落。

权尚达的三儿子权铳被权尚经收养，从祖父权旭和父亲权尚达处继承了奴婢26名、农田95斗落，从养母即权尚经之妻处继承了奴婢20名、农田75斗落。因此，权铳继承所得的两部分财产合计为奴婢46名、农田170斗落，而他遗留给子女的财产有奴婢129名、农田450.5斗落，远远超过其继承所得的财产。

因此，这一家族的财产规模在权铳一代之前有所扩大，但到了权铳之子权寿元（1654—1729）一代，情况就发生了变化。权寿元从父亲那里通过分财继承了奴婢49名、农田160斗落，但他留给子女的财产仅为奴婢35名、农田58斗落，远低于权寿元继承所得的份额。因此，这一家系到了权寿元一代，即18世纪后，财产规模开始缩小。

从西谷权氏和渚谷权氏的情况看，直到 17 世纪前半期，即使将财产分配给数名子女，财产规模仍在扩大；但从 17 世纪后半期到 18 世纪，财产规模扩大的趋势开始停滞，甚至规模逐渐缩小。而这种现象不仅限于这两个在地两班家系。收录在《庆北地方古文书集成》中的大多数在地两班家族以及全罗道地方的海南尹氏、扶安金氏都出现了类似的现象。

当然，其中也有在 18 世纪和 19 世纪扩大财产规模的家族，但从在地两班阶层整体来看，17 世纪后半期以后，经济实力的增长出现了停滞。而且大部分的在地两班家族在 18 世纪后半期以后，由于继承制度的变化，根本无法进行分财记的制作。现存的分财记大多是到 18 世纪为止，19 世纪的分财记极其罕见。笔者认为，造成这种现象的一个重要原因是在地两班阶层经济实力的下降。

继承制度的变化

随着 17 世纪后半期以后在地两班阶层的经济实力逐渐下降，继承方式也发生了很大的变化。其变化的主要内容是子女均分继承→诸子均分继承→长子优待继承，在这里以西谷权氏为例。

虽然已经介绍过权橃的子女在继承遗产时制作的分财记（4），但如果将分财记（4）的内容按照继承人的份额分开来看，结果如表4所示。该表上的"奉祀"是为了支付祖先祭祀费用而设定的财产。

表4 权东辅兄弟所继承的财产

	奴婢				农田（斗落）			
	奴	婢	不详	计	畓	田	不详	计
奉祀	8	10	0	18	155	15	0	170
一男东辅	41	44	1	86	203	368	0	571
二女洪仁寿	41	45	1	87	332	292	0	624
三男东美	42	43	3	88	328	250	0	578
庶男东慎	5	6	0	11	72	59	0	131
庶女旺旺	5	3	0	8	26	35	0	61
庶女旺代	4	4	0	8	34	53	0	87
庶男东进	6	5	0	11	58	30	2	90
计	153	160	5	317	1 208	1 102	2	2 312

表4所示的继承制度的最大特点是嫡子女之间进行均分继承。两位嫡子权东辅、权东美和嫡女婿洪仁寿分别分得86、88、87名奴婢。不仅分得的奴婢数量基本相同，奴和婢的性别也大致以相同的比例分配。之所以在奴和婢的具体性别上费心思，是因为他们各自的经济意义不同。奴作为劳动力，比婢更有益，但根据"从母法"的规定，婢生育的子女被认定为归婢的主人所有。虽然没有在表格中表露出来，但出于同样的理由，分给各继承人的奴婢在年龄构成上也十分平均。

　　就农田而言，从斗落数来看，并没有像奴婢那样平均分财。但是农田分散于各地，而且其肥沃程度也各不相同，因此仅凭斗落数无法衡量其经济价值。考虑到离居住地的远近程度以及土地的肥沃程度，可能也已经达到了实质性的平均。

　　15世纪制定的朝鲜时代最基本的法典《经国大典》规定，奴婢及田宅（耕地和宅地）的继承应如下进行：嫡子女之间均分，承重子（指祭祀权继承者，通常是嫡长子）加给五分之一，良妾子女（母亲身份在良人以上的庶出子女）分得嫡子女的七分之一，贱妾子女（母亲是贱身份的庶出子女）分得嫡子女的十分之一。表4中看到的两名"庶男"是《经国大典》规定的良妾子女，两名"庶女"大概是贱妾子女。

从表4可以看出，特别是在奴婢的分财上，《经国大典》的规定得到了严格遵守。至于农田，虽然"奉祀"部分和庶出子女的分财份额比《经国大典》规定的多，但并不能认为这脱离了法律的规定，可以认为是在允许范围之内的变动。

16世纪子女均分继承的原则并不仅限于权橃家门。嫁到权橃一族的女性也从父母那里继承到了与兄弟同等的财产，这一点可以通过权橃母亲的情况［分财记（1）］和权橃妻子的情况［分财记（3）］得到确认。正如之前所说，权橃出生在其母亲的出生地安东府道村里，这表明权橃的父亲权士彬在婚后居住在妻子家。在当时，婚后居住在妻子家是非常普遍的惯例，支撑这种惯例的则是与男性分得同等财产的女性的坚实经济实力。

但进入17世纪后，这种继承方式发生了变化。根据1621年权来的子女之间因分财而制成的分财记（7），各继承者获取的份额如表5所示。从表中可知，三名嫡子所分到的奴婢和农田份额比五名嫡女的分财份额略多。虽然长子权尚忠继承的农田比其他嫡子少，但他的继承

表 5　权尚忠兄弟所继承的财产

	奴婢				农田（斗落）			
	奴	婢	不详	计	畓	田	不详	计
奉祀	11	11	0	22	79	43	0	122
一女　李荣基	25	31*	1	57	94	118.5	13	225.5
二女　金荣祖	29	29	2	60	157	44	0	201
三女　权馪	31	28*	1	60	114.5	110	0	224.5
四女　金珑	27	29*	3	59	114.5	83	0	197.5
五男　尚忠	31*	33	0	64	102	108	0	215
六男　世忠	31	31	4	66	131	147	0	278
七女　金烓	29	27*	2	58	141	75	0	216
八男　硕忠	31*	31*	2	64	135	121	0	256
庶男　顺恭	2	2	0	4	6	29.5	0	35.5
庶男　孝恭	2	2	0	4	12	20	0	32
亡子阿孙祭祀	3	0	0	3	6	0	0	6
丰山庶母祭祀	0	2	0	2	0	20	0	20
亡子宗训妾子廷伊	6	3	0	9	30	0	0	30
计	258	259	15	532	1 122	919	18	2 059

＊标记处分别包含 1 名逃亡者。

份额应加上奉祀的份额，因此，我们认为这是考虑到这一点的结果。嫡子与嫡女之间均分继承的原则在这里被打破，对于实行这种继承原则的理由，分财记（7）中写道："根据'家翁遗书'（权来的遗书）的指示，（在均分遗产份额之外）别给三名嫡子若干奴婢和农田。"值得庆幸的是，该分财记中提到的"家翁遗书"也传到了权橚宗孙家，后收录在《庆北地方古文书集成》中。在这份写于万历四十三年（1615）二月十五日的遗书中，权来所述的内容大致如下：

　　右文者余承先世遗业土地臧获颇多于人，而前后室女子亦繁，若各衿分执则其数亦不优。瞻后日继姓子孙未免贫困，而至于先祖祭祀将无以成形，则极为可念，且子女同是受形气于父母，则情虽无穷，而内外之体大有所不同。故继姓子孙，则虽极残□，于其祖上松楸不忍废绝其香火；为异姓子孙，则虽有识之人，于其祖上输其诚意者其少。……若念及于此，则其于财产许与之际，不得不分子女稍存处置之道也。兹余承先君遗意，于元奴婢田畓中抽出若干三分其数，分属于三男，称为别给。

这里所说的"元奴婢、田畓"指的是权来从父母处继承的奴婢和田畓。正如该遗书中所说的那样，为了防止同姓子孙（继姓），即父系后代断绝祖先祭祀，新设立了分给儿子的特别份额。

此外，在分财记（7）中还可以看出"奉祀"份额肥大化和庶子分财份额减少的特征。奉祀份额大大超过了《经国大典》规定的嫡子女继承份额的五分之一，这一点在农田部分尤为突出。奉祀份额的肥大化也反映了遗书中重视祖先祭祀的精神。

庶出子女的分财份额减少表明嫡庶的区别更加严格，这也体现在男子取名的方法上。权橃的儿子，权东辅兄弟的两个庶兄弟名为权东慎、权东进（表4），与嫡子们共有"东"这个行列字（参见第二章之"酉谷权氏的形成"）。权东美之子权采兄弟的庶兄弟名为权策，与嫡子们共用"木"作为行列字。而到了权尚忠这一代，两位庶子的名字中不再使用"忠"这个行列字（表5），从这点看，嫡庶的区别也变得更加严格了。

其次，1682年制作的分财记（8）中可见，子女均分继承原则的解体更为显著。分财记（8）所记各继承者的继承份额如表6所示。据该表可见，除李天纪以外的4

表6 权霥兄弟的财产继承①（1682 年分财记）

	奴婢			畜	农田（斗落）		
	奴	婢	计		田	不详	计
奉祀	3	3	6	23	22	4	49
婿郑时英	5	8	13	0	0	0	0
霥	10	11	21	109	103.6	0	212.6
婿李天纪	6	7	13	40	46	3	89
董	10	11	21	98	113.6	0	211.6
婿李滇翼	6	7	13	0	0	0	0
霭	10	11	21	95.5	92.1	4	191.6
婿李震宇	5	8	13	0	0	0	0
婿李万叶	7	6	13	0	0	0	0
庶子点	1	0	1	12.5	9	0	21.5
庶子谦	1	0	1	12.5	9	0	21.5
外甥郑轶	0	0	0	10	4	0	14
外家祭祀	0	0	0	15	0	0	15
计	64	72	136	415.5	399.3	11	825.8

名女婿完全没有分到农田，即使是奴婢，3名嫡子分别得到了21名奴婢，而女婿只得到13名。在女婿中唯一得到农田的是李天纪，其原因是李天纪出身贫寒，是流寓之身。

在分财记（8）的序言中，对实行这种分财的原委是这样叙述的：原来父母的意愿是，如果把少数的家产分给八个子女，连祭祀都无法进行，所以只能把奴婢和农田分给三个儿子，女婿们也同意这样做；但可怜外孙们的生活艰难，所以决定让女婿参与奴婢的分财。权来的遗书中以"别给"的形式开始的男子优待在这里以更加明确的形式体现出来。

但有趣的是，分财记（8）作成五年后制作的分财记（9）再次回到子女均分的继承方向（参照表7）。在分财记（9）中，获得的份额略有差异，但女婿也能得到与嫡子不相上下的奴婢和农田财产。

1682年制作了和会文记，五年后又制作了内容不同的和会文记，其原委在分财记（9）中没有任何记载。分财记（8）的分财方式与《经国大典》的规定及以前的惯例大相径庭，不被当时的社会所接受，这可能是重新进行分财的原因。结婚是不同血缘集团结合的一种社会形

表7 权霂兄弟的财产继承②（1687年分财记）

	奴婢				农田（斗落）			
	奴	婢	不详	计	畓	田	不详	计
奉祀	5	2	0	7	14	21	0	35
婿郑时英	6	9	0	15	28	32	15	75
霂	7	10	0	17	41	53.6	0	94.6
婿李天纪	7	7	1	15	42	44	0	86
輋	9	8	0	17	45.5	39.6	0	85.1
婿李淏翼	7	8	0	15	44	29.5	0	73.5
霶	7	8	2	17	39	41.6	5	85.6
婿李震宇	7	8	0	15	39	30	0	69
婿李万叶	5	10	0	15	40	27.5	4	71.5
庶子点	1	0	0	1	12.5	11	0	23.5
庶子谦	1	0	0	1	18	9	0	27
甥郑铁	0	0	0	0	10	2	0	12
任斗应	0	1	0	1	0	0	0	0
计	62	71	3	136	373	340.8	24	737.8

态，因此与结婚密不可分的继承制度也是社会性的。因此，单一家门很难无视社会的惯例，随意改变继承方式。分财记（8）和（9）的存在充分说明了17世纪后期安东地区子女均分继承制开始解体时的过渡性状况。

权橃家门中虽然没有留下18世纪以后的分财记，但从其他两班家族18世纪的分财记来看，男子优待、长子优待的倾向非常明显。优待长子的方法是，诸子之间均等分财的同时，增加奉祀份额。而且在这种继承制度的变化中，分财记的制作本身变得很难进行。花费大量财力制作庞大的分财记证明了对子女均分继承原则的遵守，在放弃这一原则的同时，制作分财记的必要性也消失了。

继承制度变化的社会背景

以上，以酉谷权氏的分财记为例来看，子女均分继承制在17世纪后开始发生变化，那么导致这种继承制度变化的原因何在？关于这一点，以前人们一直认为朱子学的普及导致了继承制度的变化。但笔者认为，最基本的原因在于在地两班阶层经济实力的下降。

正如前面看到的那样，权橃家门虽然一直实行子女均分继承，但直到权来一代，整体上财产规模都在增殖，但到了权尚忠这一代，以往的增殖倾向进入停滞甚至下降的局面。无论是在权来的遗书中，还是在分财记的序言中，提出不实行子女均分的理由，都是担心均分继承会导致财产的零细化以及由此带来的实施祭祀的困难。如果相互建立婚姻关系的在地两班集团，在经济上总体处于上升趋势，对女婿的分财可由男性配偶所得的继承份额来填补；但如果整体的财产减少或受损，各家族之间就会围绕财产产生矛盾并展开争夺。

众所周知，中国自古以来以男子均分继承为惯例，儒教礼的体系也适合于这种继承制度和支撑这种继承制度的家族制度。从这一点看，直到16世纪为止，朝鲜一方面将朱子学视为国教，另一方面在包括继承在内的家族、亲族制度方面，与朱子学的预设前提大不相同。

在15、16世纪的《朝鲜王朝实录》中，经常出现因为婚后居住在妻子家（又称率婿制）和子女均分继承的惯例不符合朱子学的教诲，而上申要求对此进行修改的记录，这说明时人意识到了中国和朝鲜的差异。然而，这些制度是长久以来的惯例，不可能一蹴而就地改变，直到17世纪以后，继承制度才转变为中国式的，但这也伴随着长子优待的独特形态而变化。

由于继承制度开始变化是在接受朱子学为国教两个多世纪以后的事情，因此将朱子学的普及视为继承制度变化的原因是十分勉强的。相反，随着在地两班阶层经济能力的下降，不得不改变继承制度时，朱子学为合理化这种变化所用，这样的观点是否更为妥当呢？

族谱形式的变化

随着继承制度从子女均分继承转变为男子优待、长子优待，亲族制度的形态也发生了很大的变化，即由父系血缘集团构成的同族集团结合的强化。加强同族结合体现在族谱形式的变化和门中组织的成立。因此，我们先讨论一下这两个问题。

族谱是收录某一位祖先和其子孙后代的系谱，据宋俊浩教授介绍，朝鲜除了族谱外，还有多种系谱记录。这些记录的名称和各记录中包含的血缘范围如图28所示。

首先是家乘，家乘是对父系直系祖先的最单纯的系谱记录。其次是内外谱，内外谱记录的是父系直系祖先和各祖先配偶的父系直系祖先，其对象范围如图28所示，相当复杂。

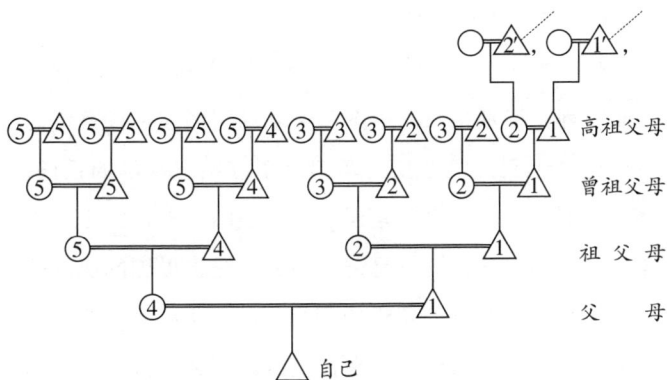

图28 各种系谱记录的收录范围

注: 1. △为男性,○为女性。

    2. 各系谱记录的收录范围用图中的数字表示如下:

      家乘——1、1′(向上追溯世代)

      内外谱——1、1′、2、2′、4(向上追溯世代)

      八高祖图——1、2、3

      十六高祖图——1、2、3、4、5

第三种是八高祖图，这是对自己父亲的祖先、前四代的八对高祖父母的记录，如图28所示，即记录了右半边的高祖世代。不仅是父亲一系，母亲一系也制作了和八高祖图范围相同的系谱，将双亲的八高祖记录下来的系谱被称为十六高祖图。

在这些不同形式的系谱关系记录中，除了家乘之外，其他三种，特别是八高祖图和十六高祖图在追溯系谱时不仅记录了父亲的系谱，还记录了母亲或祖母的系谱，这一点值得注意。也就是说，八高祖图和十六高祖图不区分父侧和母侧，而只是记录祖先，是将母侧的血缘关系与父侧同等对待的意识的产物。区分父侧和母侧，追溯系谱关系的血缘感觉，在初期族谱编纂的方式中也以其他形式表现出来。

上文介绍的四种系谱记录都是以自己为中心记录祖先的，而族谱与之相反，记录的是以某一个人为共同祖先的子孙后代们。这种族谱是在15世纪以后形成的，韩国有记载的最古老的族谱是在1423年制作的文化柳氏的《永乐谱》。但《文化柳氏永乐谱》现已不存，韩国现存最古老的族谱是安东权氏的《成化谱》，编纂于明成化十二年（1476）。《安东权氏成化谱》的编纂方式与后期

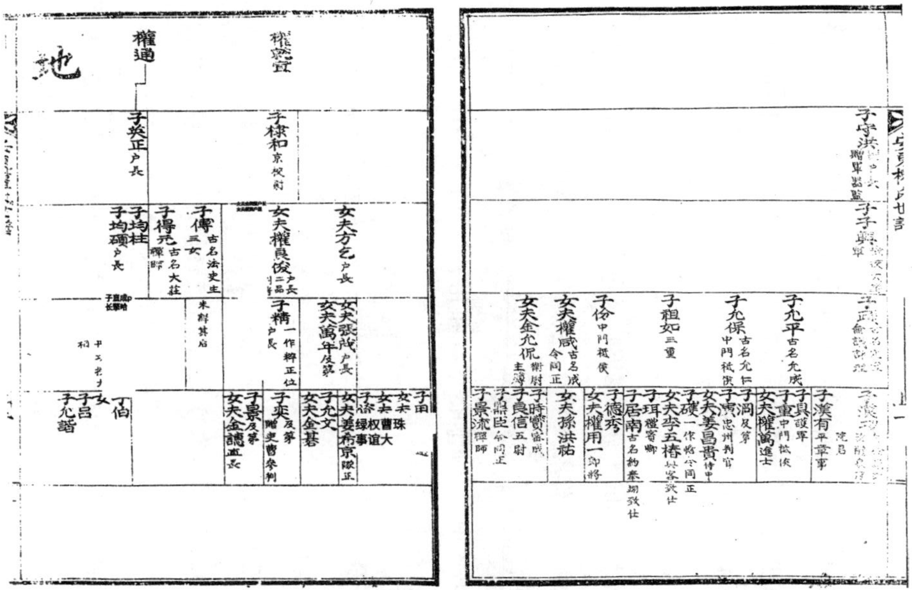

图 29 安东权氏的世系谱《成化谱》

明成化十二年（1476）编撰。

的族谱有很大不同。

为了（让读者）了解《安东权氏成化谱》的内容，现将其部分内容以照片（图29）的形式呈现。这是权橃的直系祖先权守洪和他的曾孙的部分。《成化谱》编纂方式的最大特点是，不仅记录男性后代，还记录女性后代。具体来说，以照片上所见部分为例，权守洪女儿的丈夫名为方乞，他的子孙们也被收录在族谱中。如后文所述，18世纪以后制作的族谱中，女系子孙只记录女婿的名字，或最多只记录女儿和女婿所生儿子的名字。与此相对，《成化谱》中，女儿们的子孙和儿子们的子孙一样，在族谱编纂时都被记录在系谱中。

安东权氏家族的女性如果嫁到别人家，她所生的孩子就会随夫家姓。因此，对于安东权氏来说，（女系子孙）自然是异姓之人，而《成化谱》中收录了这些异姓子孙。假设男孩和女孩的出生比例相同，那么将如图30所示，一对夫妇的孙辈中有二分之一是异姓，曾孙辈中有四分之三是异姓。这样一来，每隔一代，同一祖先的子孙们的集团中，与祖先姓氏相同的人所占的比例就会越来越小。

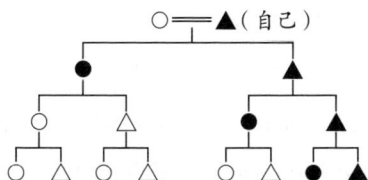

图 30　世代的经过和同姓集团的范围

注：1. △为男性，○为女性。
　　2. 黑色是与自己同姓的人。

由于《成化谱》采用了网罗女系子孙后代的体裁，所以，虽然是安东权氏的族谱，但也收录了许多安东权氏以外的人物。据宋俊浩教授的测算，在《成化谱》中登场的约 8 000 人中，属于安东权氏的男子只有 380 人。与《成化谱》相同的编纂方式，在《成化谱》以外韩国现存最古老的族谱《文化柳氏嘉靖谱》（明嘉靖四十四年，1565 年刊）中也有出现。在该族谱记载的总计 38 000 人中，属于文化柳氏的只有 1 400 人。

从 15、16 世纪早期族谱中可见的上述编纂方式，反映了当时血缘意识中对男系和女系后代的区分意识，或者说，对内孙和外孙的区分意识非常淡薄。这种意识与八高祖图和十六高祖图中体现的不区分父系和母系祖先的意识相呼应。像这样，无论是在祖先的系谱上，还是在子孙的系谱上，都极不重视内外之别，那么作为父系血缘集团的

173

同族意识自然也就不牢固。在《安东权氏成化谱》和《文化柳氏嘉靖谱》中，出现了许多安东权氏、文化柳氏以外的其他姓氏的人，这是当时血缘意识的象征。

另外，需要指出的是，早期族谱的另一个特征是兄弟姐妹的排序不分男女，按年龄排序。以前面提到的《成化谱》为例，权守洪之孙权允保的子女是按照子、子、女、子的顺序记载的。在后世的族谱中，通常先按年龄顺序记载男性，女性在男性之后记载，但早期族谱并没有采取男子优先的记载顺序。而且族谱记载中不分男女的排序方式，非常符合继承制中子女均分继承的惯例。

上文叙述的早期族谱的编纂方式到了17、18世纪发生了很大的变化。安东权氏在《成化谱》之后又进行了六次族谱编纂，分别是《乙巳谱》（1605年）、《甲午谱》（1654年）、《辛巳谱》（1701年）、《甲寅谱》（1794年）、《壬戌谱》（1862年）、《癸酉谱》（1933年），但这些族谱我还没有看到。因此，我在这里暂且利用1957年编纂的《安东权氏野翁公派谱》（日本东京大学东洋文化研究所藏）考察族谱编纂方式的变化。野翁公是权橶的兄长权襘，而《野翁公派谱》是以权襘的子孙后代为对象的族谱。编纂年代虽新，但其形式却与18世纪以后的族谱基本相同。

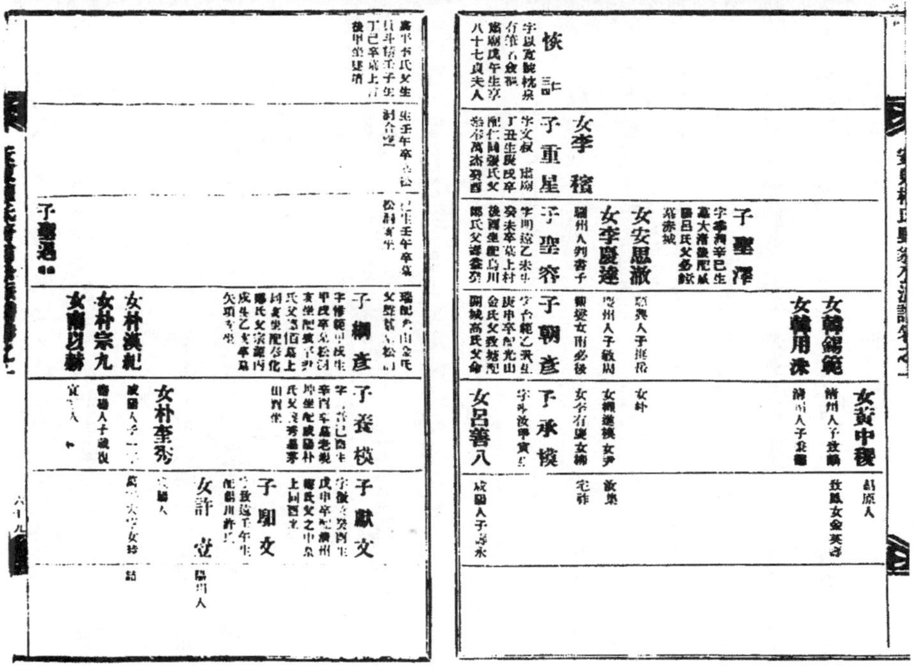

图 31 《安东权氏野翁公派谱》

以权檥的子孙后代为对象的族谱。

照片（图31）上展示的部分是前文提到过的权铣（参照本章之"两班阶层成长的终结"）的次子权寿泰之长子权恢及其子孙后代的系谱。在这里，记载了权恢的曾孙权朝彦有儿子权承模和嫁给吕善八的女儿，但关于"女吕善八"，只记载了吕善八是咸阳人，有儿子名为吕寿永。也就是说，在这一编纂方式中，对出嫁女的记载只有女婿的名字和其子女的名字，而之后的女系后代则不在收录范围之内。对于男系子孙，收录到族谱编纂时为止的系谱；而对于女系子孙，则只收录到安东权氏的女儿所生之子这一代为止。换句话说，这是男系子孙优先的编纂方式，与没有区分男系子孙和女系子孙的《成化谱》有着根本性的不同。

另外，该谱男性和女性的记录顺序也是先记录男性，而后是女性，这一点也和一并记录男性与女性的《成化谱》有很大的差异，充分体现了男系子孙优先的编纂方式。

以上在族谱编纂方式上出现的变化反映了作为父系血缘集团的同族集团的结合得到加强。从《成化谱》的例子中可以看出，早期族谱所体现的并不是作为封闭集团的安东权氏的结合，相反，是表现通过婚姻关系和其他有势力的血缘集团相结合的作为开放集团的安东权氏的威势。相比之下，后期族谱是为了强化安东权氏作为同族集团的凝聚力而制作的，是同族结合强化的产物。

门中组织的形成和同族结合的强化

在以族谱编纂方式的变化为象征的同族结合强化的过程中，"门中组织"的形成发挥了重要作用。门中组织是指，在一个同族集团中，把晚于始祖很多世代的特定人物作为共同祖先，由其子孙们构成的同族集团的下级组织。门中组织的形成最早是在16世纪，大部分是在17世纪以后。在此，我们也以安东权氏为例，来观察门中组织形成的过程。

权橃宗孙家中留存了四种题为"门中完议（决议）"的古文书，收录在《岭南古文书集成（Ⅰ）》中。其中，除一篇年代不详外，制作年代最久远的题目为"顺治十八年辛丑二月十七日门中完议"，顺治十八年即1661年。

这份完议的内容主要围绕着权橃的宗孙权霂的继承问题展开。权霂的长子大锡（族谱名为权斗枢，参照图6《权橃家门世系图》）幼时患病，成为"废疾失性"之人，一直无法娶正妻，于是娶了庶子出身的康鍊的女儿为妾，但还是没有孩子。如果照此下去，长子的系谱将会断绝，

177

无法传承宗祀，权霖心痛不已。于是门中的长老们合议，决定将次子天锡（族谱名为权斗寅）立为承宗之人，门中的人聚集在一起向祖庙报告，同时制成文书，防止日后发生纠纷。

在该完议上署名的是权尚节、权涉、权瀁、权霝、权浏、权霍、权濡、权洽、权霝、权需、权天斗，共11人，权泳作为执笔者署名。如果将这一名单与图6《权橃家门世系图》对照来看，就会发现除了权浏和权天斗2人之外，其他人都是权橃的直系后代。由此可以看出，这些门中的成员都是以权橃为共同祖先的后代。

以酉谷权氏为例，直到17世纪中叶才出现"门中"一词，但到了上述完议中出现问题的权斗枢、权斗寅一代，如第二章中"酉谷权氏的形成"里所述，行列字从以前的分散倾向转向统一方向。从权斗寅一代开始，行列字的适用范围扩大到整个权橃的直系后代，这与门中的成员一致。因此可以认为，在17世纪中叶以后，酉谷权氏作为同族的结合开始得到强化。

但是，很难认为在上述"完议"的时期，门中已经成为一个常规的组织。这是因为，门中决议的内容本身就是为了应对极个别的事态而作出的决定，而且门中长

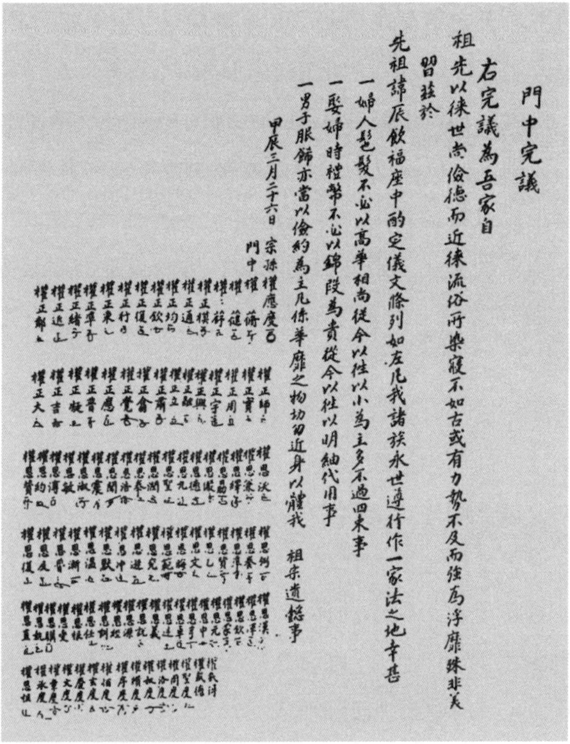

門中完議

右完議爲吾家目

祖先以徠世當俗德而近徠流俗可染寢不如古或有力勢不及而強爲浮靡殊非美

留玆於

先祖諱辰飲福座中酌定儀文條列如左我諸孫永世遵行作一家法之地幸甚

一婦人髢髮不必以高擧相尚令以性以小爲主多不過四束事

一婚姻時禮節不必以錦段爲貴從令以性以明紬代用事

一男子服飾亦當以儉約爲主凡身之物切近身以體我　祖宗遺矩事

甲辰三月二十六日　宗孫權應度白
門中權○○○

（以下連署諸人名：權正○・權思○・權恩○ 等）

图32　权橃宗孙家保存的《门中完议》

正祖八年（1784）制定。

老聚集在一起进行合议也是非常罕见的事情。从署名者的情况看，尚不存在"有司"等拥有门中组织职衔的人，这也说明了常规的门中组织尚未形成。

权橽宗孙家中留存的第二久远的门中完议是在 1784 年制成的。这份完议的内容是要警戒近年来的奢侈风气，谨遵祖先以来的教诲，保持节俭。具体而言，完议决定妇人结发的方式、婚礼时的衣装、男子日常的服装等都应该简朴节俭。署名者以宗孙权应度为首，共有百名之多。

该完议是有关日常生活习惯的决议，据推测，是以定期举行的门中组织聚会上的讨论为基础拟定的。之前的完议署名顺序可能是按照年龄顺序进行的，但是在该完议中，宗孙是第一署名者，从这一点也可以看出门中已经具备了作为组织的体系。因此，可以认为，酉谷权氏集团在 17 世纪中叶以后开始形成门中，到 18 世纪后半叶为止，门中组织已经形成。

作为门中组织形成的另一个例子，下面介绍一下渚谷权氏。与渚谷权氏相关的古文书中并没有门中完议，但通过留存的大量土地买卖文记已能窥见门中组织的形成。

渚谷权氏子孙家中一共留存有 37 通土地买卖文记，

收录在《庆北地方古文书集成》中。其中历史最悠久的文记作于1620年，但文记中出现门中组织最早是在1758年。

该文记是渚谷权氏中一位名叫权圣凤的人物制作给"门中金位"的，"金位"的韩语是여러분，即"各位"的意思。内容是，权圣凤的父亲为偿还居住在汉城之人的债务，借用了20两门中钱；作为这笔门中钱的代价，他将祖传的2斗落水田的所有权转让给门中。也就是说，为了偿还借的20两门中钱，权圣凤将土地卖给门中，以此来抵销债务。

该文记中提到的"门中钱"是指，门中的人出钱，将其作为基金，家族急需资金时，可从该基金中贷款。这种"门中钱"的存在表明此时门中组织已经常规化。

另一篇1769年制作的文记大致记载了以下内容：渚谷权氏有一座世代流传的名为野翁亭的亭子（野翁是渚谷权氏的祖先权㰒的号），宗孙因经济困窘想要出售野翁亭，但一族不希望祖传的贵重建筑落入他族之手，因此族人出资将野翁亭及周围的土地买下作为家族的共有财产。野翁亭作为一族的共有财产，是渚谷权氏结合的象征，从这里也可以确认门中组织的存在。

如上所述，酉谷权氏和渚谷权氏作为同族组织形成

图 33　与渚谷权氏的祖先权欂有关的"野翁亭"

门中组织是在 17 世纪后半期到 18 世纪，这与前面提到的族谱编纂方式开始变化步调一致。即，在 17 世纪后半期以后，作为父系血缘组织的同族集团的结合开始加强，这正好与在地两班集团的经济实力开始下降、继承制度发生变化的时期相符。用"同族结合的强化"来概括的这一系列动向，彼此之间有着很深的关联，但从根本上决定这些动向的，是当地两班集团经济实力的下降。

第八章　两班趋向型社会的形成

乡吏阶层的两班趋向

17 世纪后半期以降，在地两班阶层的经济能力开始下降。作为封闭性的特权集团，在地两班为了保护自身的既有权利，以朱子学意识形态作为屏障，逐渐走向保守化的道路。此时，对在地两班集团发起挑战的势力也开始出现。这些势力都希望从较低的社会地位上升为两班身份，其中最早开始活跃的即是乡吏阶层。

乡吏阶层原本是产生在地两班阶层的群体，直到 16世纪中叶，两者的区分还相当模糊。不过，随着在地两班逐渐形成一个阶层并掌握地区支配权，两者之间产生了明显的差距，乡吏阶层地位下降，沦为受在地两班阶层监督和指挥的群体。因此，乡吏阶层有很强烈的意识，认为在地两班只不过是与乡吏有着共同祖先、同出一脉的群体，但随着在地两班阶层与自身的差距逐渐拉开，他们不得不采取相应的措施。乡吏阶层在 17—19 世纪开展各种活动，以提高自身的社会地位并获得与两班阶层同等的待遇。下文结合韩国学者李勋相的研究（《朝鲜后期的乡吏》，首尔：一潮阁出版，1990 年），来介绍其具体内容。

在 18—19 世纪的庆尚道地区，记录乡吏事迹的书籍层出不穷。这些书籍包括前文介绍的《安东乡孙事迹通录》，还有《掾曹龟鉴》《尚山吏迹》和《襄阳耆旧录》等。这些书籍皆由乡吏阶层撰写，为的是彰显自己的祖先。可以说，乡吏编撰这些书籍，本身就是一种提高自身社会地位的活动。

1634 年，安东乡吏向安东府使请愿，请求允许他们实行"三年丧"。这是安东乡吏为提高社会地位而开展的最早的活动。在朝鲜王朝时期，根据身份的不同，子女在父母去世时需服丧的时间也有所差异。朝鲜王朝的基本法典《经国大典》规定，两班需服丧三年（九百天），而乡吏只被允许服丧一百天。

乡吏们请求纠正这种服丧时间的差别待遇，允许乡吏也实行三年丧。此外，安东乡吏还向安东周边的义城、礼安、宁海等地的乡吏发出呼吁，鼓动他们向各地方官衙提出相同的要求。虽然仍不清楚其要求是否被接受，但这是乡吏阶层要求获得与两班同等地位而引发的事件，因此值得关注。

到了18世纪，乡吏的活动更加活跃。1729年，有政令下达，允许安东乡吏使用"幼学"称号。"幼学"称号在不同时期有着不同的意义，而其最基本的意义，是对专心学问、专事科举之人赋予的称号。因此，允许乡吏使用"幼学"称号，意味着乡吏被允许专心从事科举，而不用从事地方行政工作。下达这一命令的是当时的庆尚道观察使朴文秀，他对此解释称："安东乡孙，自是东方千年世族，有胜于庶类，许以幼学，宜当。"认同安东乡吏具有特殊地位。

生于乡吏家门而从事科业的人称为"乡孙儒业者"，这些乡孙儒业者被允许使用"幼学"称号，与其人数的逐渐增长有很大关系。《安东乡孙事迹通录》和《掾曹龟鉴》都由乡孙儒业者编纂。刊行《掾曹龟鉴》的李明九，就出身一个从曾祖父起四代人皆为乡孙儒业者的家族。

随着乡孙儒业者的增加，安东乡吏在1773年又发起

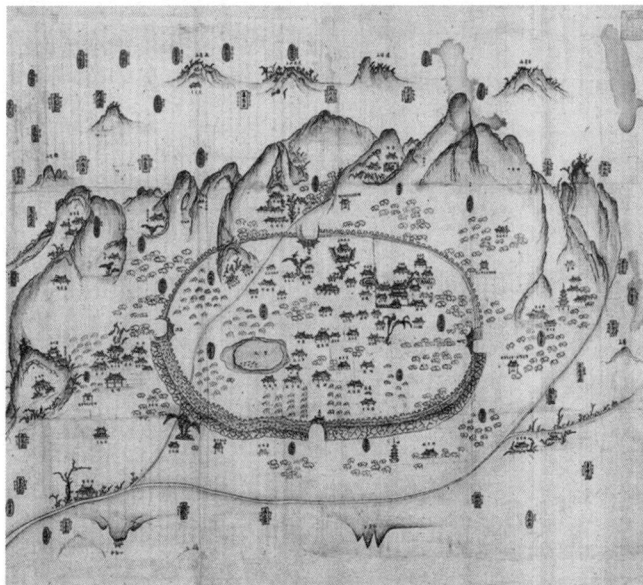

图 34 《安东都会》(18 世纪末绘制，韩国国立中央图书馆藏)

城壁的内侧是邑内，乡吏阶层居住于邑内，在地两班阶层居住于邑外。

请愿，要求废除乡校中乡吏与两班的差别待遇。乡校是
为各邑的科举应试者设置的国立教育机构，乡校的校生
寄宿在被称为"东斋"和"西斋"的地方，在里面学习
朱子学。东斋只允许两班子弟入住，入住东斋者被另外
记录在名为"青衿案"的名单上。乡吏们的诉求，即是
入住东斋并被登记于"青衿案"中。他们为了能实现自
身诉求，还向安东地区代表性的在地两班一族请求支持。
其请求的对象中，就包括了两名权橹的六世孙。

乡吏阶层的要求最终得到了允许，而使他们开展这
一行动的直接动机，则是当年政府允许两班庶孽加入乡
案的决定。庶孽虽然出生于两班家族，但因为不是正妻
所生之子而受到严重的差别对待。庶孽和乡吏一样，其
出身与两班阶层关系非常紧密。同样地，他们也为了使
自己与两班阶层地位相等，开展各种活动。

另一个有趣的例子也很好地体现了乡吏阶层提高地
位的意图，即族谱中对乡吏家族的录入。族谱是有权势
的一族为展示自己的社会地位和血统的脉络而编撰的，
因此直到 17 世纪，拥有一族的族谱也是身为两班的一种
证明。所以，希望升格为两班的乡吏阶层必然试图使自
己被记录于族谱之中。

比较对照 1476 年制作的《安东权氏成化谱》和 1957 刊行的《安东权氏野翁公派谱》，可以发现后者记载了一些并没有出现在前者中的家系，这一现象值得深究。将两者中关于安东权氏从始祖权幸开始的十代人的记录进行比较，其结果如图 35 所示。图中，人名有下划线标记的家系是《成化谱》中没有出现的家系。从这幅图中可以看到，在当今安东权氏的十四派中，实际上有十一派的祖先没有被记录在《成化谱》里。

对于这些在《成化谱》中没有出现的家系，《野翁公派谱》中还附注了它们首次出现于族谱中的时间。例如，在《野翁公派谱》中，"四世"一栏的权光汉和权谦汉二人，就有"乙巳谱始入录"的附注。正如在第七章里之"族谱形式的变化"中提到的那样，安东权氏的族谱在《成化谱》后经历了多次重修，由这条附注可知，权光汉、权谦汉及其子孙的家系，从《乙巳谱》（制作于 1605 年）开始才出现于族谱之中。

乍看之下，这种现象似乎有悖于我们的常识。新族谱编撰时，由于子孙繁衍分支，收录于族谱的人不断增加，这是非常自然的现象。但权光汉和权谦汉兄弟的出现方式却与此截然不同——极其久远的四世祖突然出现，

始祖　二世　三世　四世　五世　六世　七世　八世　九世　十世

幸 —仁幸┬ 册 ─均汉 ─子彭 ─先盖 ─廉 ─利舆┬伯时┬守中（守中派）
│　　　　　　　　　　　　　　　　│　　└时中（时中派）
│　　　　　　　　　　　　　　　├仲时┬守平（枢密派）
│　　　　　　　　　　　　　　　│　　├守洪（仆射派）
│　　　　　　　　　　　　　　　│　　├次平
│　　　　　　　　　　　　　　　│　　└性源
│　　　　　　　　　　　　　　　├就宜┬棣和
│　　　　　　　　　　　　　　　│　　└棣达（棣达派）
│　　　　　　　　　　　　　　　├通 ┬至正（佐尹派）
│　　　　　　　　　　　　　　　│　　└英正（英正派）
│　　　　　　　　　　　　　　　├就正─通义（副正派）
│　　　　　　　　　　　　　　　└融 ─仁可（仁可派）
├光汉┬宏玉─儒允─守 ─贞干─位平─叔元（叔元派）
│　　└宏真─黄轩─廷允─笔生─令和─思拔（思拔派）
├谦汉─位融─安宏─奕 ─立平┬端正─大宜（大宜派）
│　　　　　　　　　　　　　　　└宜正─枢 （枢派）
└纶 ─应和─公晃─珍夫─进平─伯谞─椿恪─個（检校派）

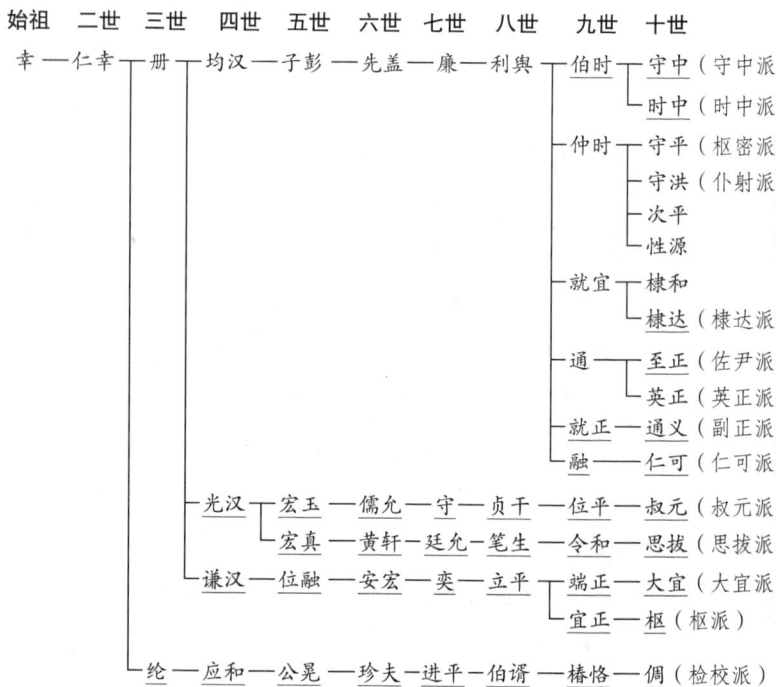

图35　安东权氏世系图

其子孙后代也被大量载入族谱。

为了探究出现这一现象的原因，我们有必要重新思考族谱的性质。从表面上看，族谱似乎是以系谱的形式，记录从某位先祖到现在的子孙后代的一族之史，然而编纂族谱的首要目的并不是为了讲述家族的历史本身，而是为了说明家族的现状。也就是说，当时的人为了显耀自身威信和社会地位，展示自己出身正统且一族成员在社会上位高权重，才编撰了族谱。因此，族谱既记录了一族的历史，又说明了一族的现状。

权光汉和权谦汉兄弟的名字首次出现在制作于1605年的族谱中，意味着安东权氏中的一派在1605年时拥有了势力，为了向社会证明自己出身的正统性，他们将自己的出身追溯到遥远的祖先权光汉和权谦汉，成功使自己编入安东权氏集团。这种族谱收录者增加的方式，与收录者随着子孙繁衍而增加的方式，有着完全相反的矢量方向。后者的方向是从先代到后代，呈现出自上而下的递增，而权光汉和权谦汉兄弟在族谱中出现，则是因为后代对先代产生了自下而上的作用。

那么，这些新出现在族谱中的家系，其真实的身份又是什么呢？这些家系正是从乡吏阶层上升为两班身份的家系。17—18世纪，在安东权氏的十四派中，棣达派、时中派、副正派、大宜派、枢派这五派都属乡吏阶层，且在安东权氏乡吏阶层中最具势力。而且，这五派都是没有在《成化谱》中出现过的家系，它们在族谱中的出现绝非偶然。

据《野翁公派谱》记载，棣达派首次出现是在《甲寅谱》(1794年)，时中派亦然。大宜派、枢派都是权谦汉后代的家系，最早出现在1605年的《乙巳谱》中。虽然副正派从哪部族谱开始出现尚不明确，不过乡吏阶层的权势家族出现在安东权氏的族谱上的时间应当都是在17世纪或18世纪。笔者认为，乡吏阶层晋升为两班的志向，是乡吏家系进入族谱的最大动力。

综上，与在地两班阶层同出一源的乡吏阶层为提高自己的地位，以获得两班身份为目标，展开了各种行动。这些行动一方面挑战了在地两班阶层主导的地方统治体制，另一方面则意味着在地两班的思维方式和生活方式已经渗透到乡吏阶层中。其典型的表现，就是乡孙儒业者增加以及乡吏家系进入族谱等事例。因此，不能武断地认为乡吏阶层的崛起就意味着两班统治体制的动摇，而应当看到，统治阶层的思维方式和生活方式渗透到其下级阶层，反而使统治体制更加趋向稳定。

最早对在地两班统治体制发起挑战的，是乡吏阶层和庶孽等社会中间阶层，但到 19 世纪，更下级的阶层也开始出现升格为两班的趋向。下一节将探讨这个问题。

民众的两班趋向

韩国首尔大学有一座叫作奎章阁的图书馆。奎章阁继承了 18 世纪后期朝鲜王朝第二十二代国王正祖建立的王家图书馆，是朝鲜王朝时代各种书籍和文献史料的宝库。在奎章阁收藏的庞大史料中，最为研究者熟知的史料之一，就是朝鲜王朝大量的户籍大帐。最早使用户籍大帐进行研究的学者，是日殖时期担任京城帝国大学教授的四方博。四方博利用奎章阁收藏的户籍大帐中最为完备的庆尚道大邱户籍大帐，研究 17—19 世纪身份制的变动情况。

四方博在大邱户籍大帐中选取Ⅰ-1690 年，Ⅱ-1729、1732 年，Ⅲ-1783、1786、1789 年，Ⅳ-1858 年，这四个时期的户籍，以探讨各个时期两班、常民（良民）、奴婢人口结构的变化。如前文所述，户籍每三年制作一次，Ⅱ和Ⅲ用了复数年份的户籍，是因为有必要在同一地区内进行比较，所以需使用不同年份的户籍大帐。

根据四方博的研究，四个时期的两班户、常民户和奴婢户的数量和所占比重如表 8 所示。从该表中可以直观地看到，从 17 世纪末到 19 世纪中叶，两班户明显增加，而奴婢户则急剧减少乃至几乎消失。两班户在第 I 期只占总户数的 9.2%，到 IV 期则增加到 70.3%，有七成以上的户籍都为两班户，最明显的增长出现在第 III 期到第 IV 期之间。与此相反的是，奴婢户在第 I 期占总户数的三分之一以上，到了第 IV 期减少到总户数的 1.5%，几乎可以忽略不计。常民户从第 I 期至第 III 期一直保持在 50% 左右，但到第 IV 期，其比重降低了一半，降低的部分应是升格成为两班户的常民户。

表 8　不同身份的户数及其比率

	两班户	常民户	奴婢户	总数
I 期	290 户 （9.2%）	1 694 户 （53.7%）	1 172 户 （37.1%）	3 156 户 （100%）
II 期	579 户 （18.7%）	1 689 户 （54.6%）	824 户 （26.6%）	3 092 户 （100%）
III 期	1 055 户 （37.5%）	1 616 户 （57.5%）	140 户 （5.0%）	2 811 户 （100%）
IV 期	2 099 户 （70.3%）	848 户 （28.2%）	44 户 （1.5%）	2 985 户 （100%）

表8是以户籍大帐所记载的户为单位，按户主的身份进行分类。但如果将户籍上出现的所有人口作为统计对象，统计不同时期各身份的人口结构，其结果就会呈现出不同的变化趋势。表9展现的是不同身份的人口数量在各个时期的变化，从中可以看到：两班人口仍呈现出显著增长的趋势，而奴婢人口数量却不像户数那样出现显著减少，在第Ⅲ期至Ⅳ期期间，奴婢在总人口中所占的比重反而还有所增加；常民的人口变化趋势与户数变化趋势相同，即第Ⅰ期到第Ⅲ期变动不大，第Ⅲ期到第Ⅳ期则急剧减少。

表9　不同身份的人口数及其比率

	两班	常民	奴婢	总数
Ⅰ期	1 027 人 （7.4%）	6 894 人 （49.5%）	5 992 人 （43.1%）	13 913 人 （100%）
Ⅱ期	2 260 人 （14.8%）	8 066 人 （52.8%）	4 940 人 （32.4%）	15 266 人 （100%）
Ⅲ期	3 928 人 （31.9%）	6 415 人 （52.5%）	1 957 人 （15.9%）	12 300 人 （100%）
Ⅳ期	6 410 人 （48.6%）	2 659 人 （20.1%）	4 126 人 （31.3%）	13 195 人 （100%）

四方博的研究虽然只以大邱作为对象，但近年的研究证实其他地区也发生了类似的现象。通过分析庆尚道的蔚山、彦阳、丹城等地的户籍大帐，可以得出与四方博关于身份制变动的论述相似的结论。目前除了庆尚道之外，其他地区的户籍大帐都只发掘出较为零碎的资料，残存的户籍史料还不足以体现时段性变化。不过，没有证据表明庆尚道是一个特殊的地区，因此我们可以推测，户籍中的身份制在其他各道也经历了类似的变动。

　　那么，四方博的研究中所体现的身份制度变动，尤其是两班户口的显著增加的现象，究竟说明了什么？要探讨这一问题，就有必要重新审视其研究基础，即户籍大帐这一史料的性质。这是因为，朝鲜王朝户籍的制定，并不以掌握每个人的身份作为首要目的。国家每三年制作一次户籍，是为了对每个登记在户籍的人征收劳役。朝鲜王朝的人们根据身份不同，对国家承担各类劳役，这些劳役被称为"职役"。职役中最具代表性的，即是常民身份所承担的军役，其形式分为直接成为士兵，或者交纳棉布以代替参军，等等。两班们则被期待通过修习学问成为官僚，因此可以免除职役，或只承担极为轻省的职役。

朝鲜王朝时期，户籍上记录的是每个人所应承担的职役名称，而不是两班或常民等身份。前文介绍的以四方博的研究为代表的户籍研究，也是以职役名为线索，根据职役名称推测每个人的身份。因此，户籍中身份结构的变动，并不直接反映现实身份制的变化。具体而言，18—19世纪两班户和两班人口的显著增加，是户籍大帐中拥有"幼学"职衔（也被视为一种职役的名称）的人迅速增多所造成的。然而，在户籍上拥有"幼学"职衔的人，并不全都是受社会认可的作为身份阶层的两班。如前文所述，乡吏阶层在18世纪时被允许拥有"幼学"的称号；而在18世纪以后，乡吏阶层之外，在户籍上被登记为"幼学"职役的人也急剧增加。

正如本书第一章所述，所谓两班，并不是国家的法律制度所规定的身份，而是一种社会认同。因此，在国家编修的户籍大帐中，即使拥有两班头衔的人增多，也不意味着作为一种社会身份阶层的两班的数量有所增长。"幼学"数量的增长，意味着两班阶层以外的人具有升格为两班的倾向，同时也意味着两班的价值观和生活观已经渗透到下级阶层之中。

体现两班价值观逐渐渗透到整个社会的另一个例子，则是族谱编撰的普及。郑炳浣对韩国国立中央图书馆收藏的282个同族集团的族谱进行调查之后，作出如下报告。该报告称，如果将这些集团按开始制作族谱的年代进行划分，那么在15世纪时拥有族谱的有9个，16世纪为15个，17世纪为66个，18世纪为78个，19世纪104个，20世纪为10个。由此可见，从15世纪到19世纪，随着年代的推移，族谱的编纂也逐渐盛行，这种现象也体现了两班价值观向下层的渗透。

族谱原本是两班为了显示自身威势而编纂的。换言之，拥有自己一族的族谱，即可证明自己的两班身份，族谱在这里起到凭证的作用。族谱编撰在18—19世纪最为盛行，程度上超过了在地两班阶层大规模形成的17世纪，这意味着两班阶层之外的人也编撰了族谱。19世纪既是户籍上拥有"幼学"头衔的人剧增的时期，同时也是族谱编撰范围扩大的时期，这一点非常值得玩味。这些现象表明，通过"幼学"名号或编撰族谱来取得两班社会地位，已然成为一种普遍现象。

在户籍大帐上的身份结构变动中，除了两班户和两班人口的增加，奴婢身份的变化也备受关注。登记在户籍上的奴婢身份者，虽然独立户的数量大幅减少，然而其人口数量直到19世纪中叶时，仍占总人口的三成。奴婢户和奴婢人口所呈现的相反趋势表明，独立的奴婢户几乎消失，大部分奴婢则被吸收到其他户的户籍中。也就是说，过去独立成家的奴婢，在19世纪已逐渐成为其他户的从属劳动力，即所谓的"家内的"存在。

有趣的是，在奴婢阶层发生如上变化时，拥有奴婢的户数也有所增加，两者之间存在着关联。根据四方博的研究，可以整理出不同时期各种身份中拥有奴婢的户数，其结果如表10所示。值得注意的是，在两班户显著增多的第Ⅳ期，有九成的两班户拥有奴婢。如前文所述，这个时期的两班户，包括了大量凭借"幼学"职役从下层上升为两班的人，然而这些人大部分也拥有奴婢。两班这一阶层以修习学问为业，从事体力劳动不符合其生活方式。所以对于两班阶层来说，代替自己从事体力劳动的奴婢是必不可少的，两班和奴婢因此形成了密不可分的关系。在19世纪的户籍中大量出现的幼学大多拥有奴婢，说明其生活理念受到两班阶层的强烈影响。

表 10　拥有奴婢的户数及其比率

	两班户		
	总户数	拥有奴婢的户数	比率
Ⅰ 期	290 户	218 户	75%
Ⅱ 期	579 户	406 户	70%
Ⅲ 期	1 055 户	718 户	68%
Ⅳ期	2 099 户	1 880 户	90%
	常民户		
	总户数	拥有奴婢的户数	比率
Ⅰ 期	1 694 户	198 户	12%
Ⅱ 期	1 689 户	241 户	14%
Ⅲ 期	1 616 户	107 户	7%
Ⅳ期	848 户	189 户	22%
	奴婢户		
	总户数	拥有奴婢的户数	比率
Ⅰ 期	1 172 户	25 户	2%
Ⅱ 期	824 户	87 户	11%
Ⅲ 期	140 户	2 户	1%
Ⅳ期	44 户	0 户	0%

小农阶层的形成

在 18 世纪以后，两班的价值观和生活理念开始逐渐从乡吏阶层扩散到下层。那么，使这种现象得以实现的条件又是什么呢？我认为，一般农民阶层小农经营的稳定化，以及由此带来的家庭延续性的巩固，即是导致上述现象的最基本因素。

正如第四章所述，在地两班阶层形成于由他们主导的农田开发时代，但进入 18 世纪以后，耕地的开发基本已经结束。1718—1720 年间，作为农业中心地带的南部三道（忠清道、全罗道、庆尚道）实施了量田，这个时期国家掌握的耕地，基本上直到朝鲜王朝末期都没有产生大幅增减。耕地面积的外延式扩大达到极限，因此农业生产力的发展转向了增加单位面积产量，即集约化的方向。朝鲜半岛发生这种转变的时期是 18 世纪。

18 世纪是朝鲜农业史上空前的"农书时代"。继 17 世纪编纂《农家集成》后，到 18 世纪又有新的农书陆续出现。其中较有代表性的有洪万选的《山林经济》、柳重临的《增补山林经济》、徐浩修的《海东农书》、禹夏永的《千一录》等。《农家集成》以 15 世纪的《农事直说》作为基础，对其加以增补，而 18 世纪的农书在受到《农事直说》影响的同时，也各自发展了新的技术体系。而且这些农书有着共同的特点：其内容都围绕着提高农业中的土地生产力（即推进集约化）的方法。以水稻为首的各种农作物的品种多样化、除草的精细化、肥料的多样化和施肥的精细化等，其目的都是开展集约化农业。

随着农业向集约化方向发展，从事农业者的存在方式也发生了很大的变化。直到16—17世纪，在地两班阶层在经营农田时，利用奴婢进行的直营地经营占据很大比重。但随着集约化的发展，这种直营地经营规模逐渐缩小。这是因为使用奴婢经营农田的效率非常低，正如吴希文在《琐尾录》中经常感叹的那样。因此，随着集约化的发展，向奴婢租出土地并委托其经营，从其农产品中收取地租，这种方式在经济上更加合理。如第三章的"权橃家的经济基础——农田所有"中所述，权橃将所拥有土地的近一半出租，委托他人经营并赚取地租收入；但到18世纪以后，两班们将所拥有的大部分土地都租借给佃农，逐渐成为地主式的群体。在这个过程中，曾作为直营地劳动力的奴婢们开始独立经营土地（尽管规模较小），其作为小农的性质也逐渐加强。

随着两班作为依托于地租收入的地主的这一性质得

到巩固，他们逐渐成为寄生性的群体。农业经营的责任则落到了向两班租借土地的佃户（佃农）身上。向两班租借土地的佃户们身份不定，不仅有常民和奴婢，在一些情况下，贫穷的两班阶层也可能成为佃户。在这种变动之下，不论是下层两班、常民还是奴婢，大部分的农村居民都成为小农，逐渐均质化。前文所见的户籍大帐中身份制的变动，与农村结构的巨大变化应当是息息相关的。

作为农业经营主体的小农阶层（不管是自耕农还是佃农）在广泛形成的同时，阶层中也开始形成建立延续性家庭的观念。下文将通过崔在锡的研究来说明这一点。崔在锡在韩国家族史研究的划时代名著《韩国家族制度研究》（汉城：一志社，1983 年）的第六章中，利用三种现存户籍分析了从 17 世纪到 19 世纪家庭结构的变化。这三种户籍分别是 1630 年的庆尚道山阴县户籍（685户）、1756 年的全罗道谷城县户籍（414 户）、1807 年的庆尚道月城郡良佐洞的户口草案（254 户）。崔在锡利用这些户籍，对不同身份的家庭类型进行深入研究，揭示了一些非常有趣的事实。

表 11 整理了三种户籍中两班、常民和贱民（大部分是奴婢）的家庭类型。表中所示的家庭类型按以下标准

分类：

夫妇家庭——由一对夫妇组成的家庭，配偶中有一方死亡的情况也包括在内（直系家庭和旁系家庭的统计亦遵循这一标准）；

直系家庭——由父母和一对或多对子辈夫妇组成的家庭；

旁系家庭——由两个以上的兄弟及其配偶组成的家庭；

过渡性家庭——由未婚的兄弟姐妹组成的家庭；

单人家庭——未婚者一人组成的家庭。

上述家庭类型，都是根据户籍上登记的一户之人有着怎样的夫妻关系进行分类的。

表 11　不同身份的家庭类型（%）

	1630 年				1756 年		
	两班	常民	贱民	计	两班	常民	计
夫妇家庭	75.9	62.8	61.4	65.4	57.8	76.3	67.1
直系家庭	8.7	6.9	4.2	6.8	23.3	6.5	14.8
旁系家庭	0	2.0	0.8	1.4	5.6	1.1	3.3
过渡性家庭	0	1.0	0.8	0.8	2.2	0	1.1
单人家庭	15.4	27.3	32.8	25.6	11.1	16.1	13.7

	1807 年						
	两班	常民	贱民	计			
夫妇家庭	45.2	96.8	100	58.7			
直系家庭	40.4	1.6	0	30.3			
旁系家庭	9.6	0	0	7.1			
过渡性家庭	0	0	0	0			
单人家庭	4.8	1.6	0	3.9			

表 11 中首先需要关注的是单人家庭。随着时代的变迁，单人家庭的比例越来越低，然而在 1630 年的山阴县户籍中，单人家庭的占比因身份而异。单人家庭在常民中占总户数的 27.3%，在贱民中则占 32.8%。这表明，在较低身份的人群中，有很多人无法结婚。1756 年的谷城县户籍中，常民中单人家庭的比例比两班高，而 1807 年的良佐洞户籍中，两班单人家庭的比例反而更高。随着单人家庭占比逐渐降低，不同身份中，单人家庭比例的差异逐渐消失，这说明婚姻在常民和贱民中逐渐普遍化了。

表 11 中另一个需要关注的点是直系家庭，即三代同住的家庭，其比例呈现出逐渐增加的趋势。1630 年，直系家庭仅占所有家庭的 6.8%，到 1807 年则达到 30.3%。

虽然在不同的身份中，直系家庭的比例有着很大的差异，不过 1807 年良佐洞户籍中的两班，应当包括了从底层升上来的两班（1807 年的户籍中，两班户有 188 户，常民户有 62 户，贱民户为 4 户）。所以可以推测，在常民户和贱民户中，直系家庭的比例也有所上升。

综上，透过崔在锡所揭示的家庭类型在不同时期和不同身份中发生的变动，我们可以得出结论：18—19 世纪，随着时代变化，在常民和贱民阶层普及婚姻的同时，父母、子女、孙辈三代同住的家庭也逐渐增加。而且，由于常民户和贱民户发生这种变化，不同身份之间家庭类型的差别也逐渐消失了。

常民户和以奴婢为主的贱民户的家庭结构发生变化，其原因在于他们成了小农。这两个群体在经济上原本处于极度不稳定的状态，在成为小农之后，其经营稳定性得到提高，因此得以成立具有延续性的家庭。普通农民在现实中拥有了家庭的连续性和延续性之后，他们开始形成祖先观念，拥有共同祖先的人之间也开始形成同族意识。以上所述的小农阶层的成长、小农阶层中家庭观念和祖先观念的普遍化、其家庭结构与两班的趋同等一系列现象，与 18 世纪以后两班价值观和生活理念对整个社会的渗透是一脉相承的。

结语　传统与近代

　　序言中所介绍的朝鲜半岛的儒教生活习惯，就是经过上述过程而形成的。16 世纪，在地两班阶层开始广泛形成，是为第一阶段；18—19 世纪，两班价值观和生活理念向下层渗透，两班趋向型社会形成，是为第二阶段。经过这两个阶段，儒教生活习惯在朝鲜半岛社会的各个角落生根发芽。在统称为儒教社会的东亚地区，儒教在朝鲜半岛的渗透，甚至可能比在儒教发源地的中国更加深入，时至今日仍有着巨大的影响力，这也是上述历史过程的产物，而并非出于尊崇中华之类的民族性特质。在地两班阶层在农村地区的广泛分布，对于儒教理念对整个社会的渗透起到决定性的影响。

正如本书所阐述的那样，现在朝鲜、韩国的传统文化和传统生活方式，大部分都是在15—16世纪才开始形成的。而且这些所谓的传统，直到18世纪以后才普及到整个社会中。相较于朝鲜半岛居民的悠久历史，这些都是极其晚近的产物。在谈起传统时，我们往往会认为传统就是自古以来就一直存在的东西，但这种认知往往是错误的。现在被认为是日本传统的东西，特别是与生活文化密切相关的习俗，实际上大部分也是在江户时代以后才形成并普及的。

　　认为传统从古代一直延续至今是错误的想法，但也不能将传统和近代对立起来。这一传统是在近代以前两个世纪左右诞生的新事物，其在全社会范围内巩固的时期则是作为近代开端的19世纪。在朝鲜半岛，传统在19世纪后半期以后并没有被消灭，反而得到进一步强化。笔者想在最后阐述传统与近代的这种关系，作为本书的结尾。

　　首先叙述的是在地两班阶层在近代的动向，我们将目光放在本书主角酉谷权氏身上。在近代，酉谷权氏中的著名人物有权命燮（号春樊，1885—1949）和权相翊（号省斋，1868—1934）。权命燮是权橃的第十三代宗孙，师从上一辈的权相翊。1910 年，日本"并合"大韩帝国，使其沦为殖民地。权命燮便杜门不出，断绝一切社会活动，专心求学。然而，在 1919 年"三一"独立运动爆发时，他参加了"巴黎长书事件"。"巴黎长书事件"指的是 137 名儒生代表向凡尔赛会议递交请愿书，请愿朝鲜独立的事件。在这次事件中，权相翊是核心人物之一。权命燮的名字出现在长书中，可能也是受到相翊的影响。

权相翊是权橞的第十二代孙，在朱子学上造诣颇深，留下了三十卷的文集《省斋集》。他不仅从事学术，还积极参与政治活动。1895 年，当时内阁下达了断发令，王妃闵妃也被日本人杀害，全国各地由此掀起反日义兵运动；在安东地区，权橞的后代权世渊（1836—1899）作为"倡义大将"，组织义兵运动。权相翊也作为义兵部队的干部参与其中，并在三溪书院召开儒会，撰写谴责日本罪行的檄文并向全国发出。此外，1919 年"三一"运动爆发后，权相翊也参与了巴黎长书的撰写，与郭钟锡、金昌淑等人一同展开活动。

由此可见，即便到了近代，权橞的后代中仍出现了在政治活动中发挥重要作用的人物，这说明西谷权氏在这一时期的安东地区仍拥有十足的影响力。这种现象并不单单局限于酉谷权氏一族，在其他有权势的两班阶层中，或多或少也出现了相同的现象。在此后的20世纪20年代，社会主义思想正式流入朝鲜半岛，率先接受社会主义思想的知识分子也有很多出身在地两班阶层。

笔者认为，自近代以来，在地两班阶层的影响力不管在政治层面还是在社会层面上，都是非常巨大的。正如第六章所介绍的那样，1930年善生永助对当时的聚落展开调查时，同族聚落占据了相当的比重，而构成同族聚落的同族集团大多属于在地两班阶层。同族聚落在日殖时期仍然稳固地存续下去，直到韩国经济高速增长、城市化全面展开的20世纪60年代以后，同族聚落才开始解体。

在地两班阶层的同族结合，是在其发展陷入停滞局面的18世纪以后才正式开始的，近代日本的殖民统治反而强化了在地两班阶层的同族结合。殖民地化初期，在实施"土地调查事业"（1910—1918）时制成的土地台帐中，常常能见到作为"宗中财产""门中财产"的土地，即可作为例证之一。

笔者长期将"土地调查事业"作为研究主题，在1991年旅居韩国期间，笔者也调查过忠清南道论山郡连山面松山里的土地台帐。笔者之所以选择该地作为调查对象，是因为在朝鲜半岛成为殖民地之前，连山面在1898—1903年间实施了量田并制作了量案，这些量案目前仍然保留了下来。通过比较这些量案和"土地调查事业"的土地台帐，我们可以探明殖民地化前后土地所有关系的变化。

通过那次调查，笔者发现，在量案中以个人名字登记的土地，在土地台帐中则被登记为同族集团的"宗中财产"（"宗中"和"门中"意思相同）。松山里居住着大量骊兴闵氏（即闵妃被害事件中闵妃的家族）。在土地台帐中出现了许多作为骊兴闵氏"宗中财产"的土地。然而，土地台帐十多年前制成的量案中，却不存在"宗中财产"名义的土地，在记录这些土地的所有者时，登记的都是闵氏家族成员的姓名。

这种现象说明，在殖民地政府通过"土地调查事业"确定近代土地所有权时，个人财产和宗中财产的区分变得更加明确。为了维持和运营作为同族结合核心的门中组织，其经济基础是必不可少的，所以"土地调查事业"的实施，使门中财产在法律上更加明确。这个例子说明，近代并非必然消灭传统，反而可能使一些传统的东西具备更加明确的概念并因此得到巩固。

正如前文所述，在地两班阶层在地方社会的统治力量，从18世纪以后开始有所衰退，但从另一方面来说，在地两班的统治力量直至近代仍然根深蒂固地持续存在着。其充分条件即是自18世纪以来，社会全体的两班趋向化，也就是两班价值观和生活理念向下层的渗透。为了挑战两班阶层的地方统治而新成长起来的阶层，其目标并不是否定两班，而是使自己成为两班。这种趋势直到19世纪正式形成，并且一直延续到近代。而且，社会流动性在近代以来进一步加强，甚至加速了社会全体的两班趋向。

时至今日，很少有韩国人认为自己所属的一族不存在族谱。换言之，现在大多数韩国人都是拥有族谱的同族集团的一员，这显然标志着两班趋向型社会的形成。第八章的"民众的两班趋向"里介绍了关于韩国国立中央图书馆所藏族谱的调查结果。从中可以看到，19世纪首次编纂族谱的集团占大多数，然而如果从今日全体韩国人的范围来看，在近代以后才开始拥有族谱的人反而更多。从这个意义上来讲，可以说近代才是传统更加深入地渗透到整个社会的时期。

显然，本书所叙述的朝鲜半岛的传统，在今天发生了巨大的改变，对资本主义经济高度发展、城市化进程加快的韩国来说更是如此。可以说，传统直至今日才站到了十字路口。韩国和朝鲜的人民，在迎接 21 世纪、建立新社会的过程中，又将创造出什么新传统呢？我认为这也是我们应当关注的问题。

参考文献

参考资料

〔韩〕李树健编：《庆北地方古文书集成》，大邱：岭南大学出版部，1981 年。

（韩国）民族文化研究所编：《岭南古文书集成》Ⅰ、Ⅱ，大邱：岭南大学出版部，1992 年。

韩国精神文化研究院编：《古文书集成（三）·海南尹氏篇》2 册，1986 年。

〔韩〕吴世昌、〔韩〕郑震英、〔韩〕权大雄、〔韩〕赵康熙编：《岭南乡约资料集成》，大邱：岭南大学出版部，1986 年。

〔朝鲜〕权橃：《冲斋先生集》5 册。

［韩］权锡颖编：《大西文献》，1986 年。

《安东权氏成化谱》，韩国首尔大学奎章阁藏。

《安东权氏野翁公派谱》5 册，1957 年。

《义城金氏世谱》2 册，1960 年。

《万姓大同谱》3 册，万姓大同谱发行所，1931 年。

（韩国）民族文化研究所编：《岭南文集解题》，大邱：岭南大学出版部，1988 年。

［韩］宋志香：《安东乡土志》下，首尔：大星文化社，1983 年。

［朝鲜］权纪等编：《永嘉志》，韩国首尔大学奎章阁藏。

《世宗实录地理志》。

《舆地图书》下，首尔：韩国国史编纂委员会，1973 年影印本。

［朝鲜］金正浩：《大东舆地图》，京城（今首尔）：京城帝国大学法文学部，1936 年影印本。

［朝鲜］吴希文：《琐尾录》上、下，首尔：韩国国史编纂委员会，1971 年活字本。

［朝鲜］柳希春：《眉岩日记》5 册，京城：朝鲜总督府，1936—1938 年活字本。

《退溪全书》(下)，汉城（今首尔）：成均馆大学大东文化研究院，1958 年影印本。

（韩国）民族文化研究所编：《朝鲜后期乡吏关系资料集成》，大邱：岭南大学出版部，1990 年。

［朝鲜］李震舆：《掾曹龟鉴》，首尔：西江大学人文科学研究所，1982 年影印本。

《农书》(1—13)，"韩国近世社会经济史史料丛书"，首尔：亚细亚文化社，1981 年。

《国朝人物考》3 册，首尔：首尔大学出版部，1978 年影印本。

朝鲜总督府中枢院编：《朝鲜人名辞书》，1937 年。

（韩国）庆尚道教育委员会编：《庆尚北道地名由来总览》，1984 年。

［日］善生永助：《朝鲜的聚落》后编，京城：朝鲜总督府，1935 年。

（韩国）韩文学会编：《韩国地名大辞典》3 册，1991 年。

《忠清南道论山郡山面松山里土地台帐》，韩国论山郡厅藏。

参考论著

［韩］金容燮：《朝鲜后期农业经济史研究（增补

版）》2，首尔：一潮阁，1990年。

〔韩〕闵成基：《朝鲜农业史研究》，首尔：一潮阁，1988年。

〔韩〕宋俊浩：《朝鲜社会史研究》，首尔：一潮阁，1987年。

〔韩〕李成茂：《朝鲜初期两班研究》，首尔：一潮阁，1980年。

〔韩〕李树健：《岭南士林派的形成》，大邱：岭南大学民族文化研究所，1979年。

〔韩〕李树健：《韩国中世社会史研究》，首尔：一潮阁，1984年。

〔韩〕李俊九：《朝鲜后期身分职役变动研究》，首尔：一潮阁，1993年。

〔韩〕李泰镇：《朝鲜儒教社会史论》，首尔：知识产业社，1989年。

〔韩〕李勋相：《朝鲜后期的乡吏》，首尔：一潮阁，1990年。

〔韩〕全炯泽：《朝鲜后期奴婢身分研究》，首尔：一潮阁，1989年。

〔日〕四方博：《朝鲜社会经济史研究》中、下，东京：图书刊行会，1976年。

作者后记

　　我在学生时代开始学习朝鲜语和朝鲜史的时候，能使用的朝鲜语辞典只有日本天理大学朝鲜语科编纂的《朝鲜语辞典》(奈良：养德社)。日本京都大学设有朝鲜语初级和中级的课程作为文学部的共通科目，然而没有开设朝鲜史课程，所以我只能独自摸索着开始学习。1970 年的韩国和朝鲜，于我而言的确是遥远的国度。

　　在今天，情况发生了很大的变化。在书店中可以看到，韩朝关系的书籍足足占据了一个专柜，很多大学都开设了朝鲜语课程。电视等大众媒体上常常介绍韩国，最近甚至出现了"韩国搓澡之旅"之类的人气节目。可以说，当今日本人所了解的韩国或朝鲜的相关信息，与我的学生时代相比有了飞跃性的增长。

虽然这种情况令人欣慰，但事实上，朝鲜半岛历史，尤其是关于高丽时代（936—1392）和朝鲜王朝时代（1392—1910）历史的信息量仍然非常有限。以现在的韩国纸币为例，一万韩元纸币上印有世宗大王的肖像，五千韩元纸币上是栗谷李珥的肖像，一千韩元纸币上有退溪李滉的肖像，而日本对这三人的了解程度又有多少呢？

在接到中央公论社的糸鱼川昭二邀请撰写新书的委托时，首先浮现在我脑海中的，就是日本人了解朝鲜半岛时存在的这种片面性。糸鱼川先生的委托是"以朱子学为视角的朝鲜王朝通史"，而对于当时正在研究旧两班家族所藏的古文书的我来说，想做的则是将"两班"这一群体作为焦点，以追溯朝鲜王朝社会独特的变化轨迹。正如本书所述，两班，特别是广泛分布在农村地区的在地两班阶层，其存在对于理解朝鲜王朝时代的社会是非常重要的问题。同时，我认为两班也是理解当今韩国和朝鲜的关键词之一。

出于这样的意图，我开始执笔写作本书，然而在停笔之时，却发现了许多值得反省的地方。我认为文章从整体上来讲过于生硬，而且只将重点放在农村地区，对于 18—19 世纪的情况还应有更加详细的叙述，等等。不过说实话，仅凭我现在的能力还不足以改善这些需要反省的地方，因此我想以读者的批评为食粮，继续下一步的研究。

在写作本书时，我得到了许多人的帮助，这些人包括在书中提到的金鸿植兄，多次与我一同调查旅行的韩国首尔大学安秉直教授，还有韩国成均馆大学李荣薰教授。如果没有上述诸位的指导，这本书根本不可能完成。此外，由于本书并非专业书籍，所以只能在最低程度上提及先学同行的研究成果，然而本书深受韩国和日本研究者的恩惠，这一点是不言自明的。

本书的基础是 1993 年后期在日本东京大学经济系授课以及 1994 年在日本九州大学文学系集中授课时的讲义笔记。参加课程的各位学生的提问和回应，对于了解我构想中的不足之处是极为有益的。此外，畏友张志银从非专家的立场，与我分享了韩国人看待历史的许多感受。东京大学东洋文化研究所的同事们，为我提供了包括长期旅居韩国在内的十分自由的研究环境，在此我想再次对他们表示感谢。

我还记得，糸鱼川先生邀请撰写本书的时间，是我在韩国旅居一年半后回国的 1992 年的秋天。由于我的疏忽，本书的刊行耽搁了很长时间，在此期间，他一直都以宽容的态度关注着本书的完成，有时也装作无知的读者，提出极其基础性的问题，对安于居住在象牙塔内的我有很大启发。在此表达我深切的感谢。

作者

1995 年 5 月

译者后记

本书是宫嶋博史先生《両班（ヤンバン）：李朝社会の特権階層》（东京：中央公论社，1995年）的中文版。韩文版早在1996年就已经出版，并于2014年再版，韩文版的副标题是"寻找历史实体"。作者宫嶋博史先生是战后日本学界朝鲜史、东亚史研究者的代表人物。宫嶋博史先生从朝鲜时代的农书和农业史、土地调查事业史的研究出发，研究领域逐渐扩展到朝鲜时代和近代时期的经济史、社会史、思想史以及东亚史等，并在此基础上提出了"东亚小农社会论"及最近的"儒教近代论"。这一学说的背后蕴含着作者对于以往西欧模式影响下所形成的朝鲜时代史象，尤其是盛行于韩国学界的内在发展论的批判，同时也隐含着作者对日本史研究中的"脱亚"倾向的批判。业师宫嶋博史先生的治学态度，对于韩国史、东亚史以及东亚学的推动与学术贡献，作为学生的我，实在不敢在后记中草草地用几段话加以概括总结。这里只谈一谈中文版的翻译缘起。

宫嶋博史先生毕业于日本京都大学文学部东洋史学科，先后在日本东海大学、东京道立大学、东京大学东洋文化研究所及韩国成均馆大学东亚学术院任职。2005年，我赴成均馆大学东亚学术院留学时，宫嶋先生已经任教于东亚学术院。每个学期，我都会听宫嶋先生的课，学分修满后，还常常去旁听。先生对于学术的态度和视野，对于我们生活的时代的关怀及审思，时时感动和启发着我。当时东亚学术院下设了若干个研究团队，宫嶋先生主持的团队是"韩国社会长期变迁"，我的硕士导师金建泰先生（后入职韩国首尔大学人文学院国史系）和博士导师孙炳圭先生都是团队成员，当时身为研究生的我也很幸运地成为团队的一员。我们这些后生之辈，常在各位老师的带领下，参加各种学术活动、研讨班和田野考察。在东亚学术院期间，宫嶋博史先生、金建泰先生、孙炳圭先生还有裴亢燮先生等经常共同指导我们，我们自然也不区分导师，常于课上课下与老师们讨论研究中遇到的困惑。现在想来，十分庆幸在课后常有机会见到宫嶋先生，并在不同场合受到熏陶和启发。对于朝鲜时代社会经济史的兴趣和学术训练，离不开宫嶋先生和东亚学术院各位老师的恩惠和悉心指导。

《两班》一书通俗易懂，又不乏问题意识和细致论证。该书出版后，成为朝鲜史领域的经典和畅销书。这本书，我在学生时代常会拿出来读，现在我在中山大学历史学系任教，也在课上带着研究生一起读。《两班》能在国内出版的一个重要契机，除了此书本身的学术意义以外，很重要的一点是，国内对于朝鲜时代史的理解可以说是零碎化和片面性的。译者和本书作者的想法一样，如何理解朝鲜时代的史象，对于理解朝鲜史乃至中国史和东亚史都具有十分重要的意义。

博士毕业后，我和宫嶋先生提及将此书翻译成中文的想法，先生欣然答应，并希望我先翻译《东亚小农社会的形成》（载《开放时代》2018 年第 4 期）一文，再翻译此书。中文版的翻译，得到了中山大学历史学系 20 级硕士研究生李恒恩、21 级硕士研究生陈宛钰的帮助，在

此对他们表示由衷的感谢。此书的翻译和出版，得到宫嶋先生本人和韩国너머북스（nemerbooks）出版社的帮助，在此表示特别的感谢。译文中有不尽之处，都是我的不学之故，请读者谅解。

朱玫

2022 年 12 月 28 日于永芳堂

图书在版编目(CIP)数据

两班:朝鲜王朝的特权阶层 /（日）宫嶋博史著；
朱玫译. —上海：中西书局，2024(2025.1 重印)
ISBN 978-7-5475-2168-7

Ⅰ.①两… Ⅱ.①宫… ②朱… Ⅲ.①两班(朝鲜)-
研究 Ⅳ.①D731.221

中国国家版本馆 CIP 数据核字(2023)第 184889 号

两班:朝鲜王朝的特权阶层

[日]宫嶋博史　著　朱　玫　译

责任编辑	伍珺涵	
装帧设计	梁业礼	
责任印制	朱人杰	
出版发行	上海世纪出版集团	
	®中西書局(www.zxpress.com.cn)	
地　址	上海市闵行区号景路 159 弄 B 座(邮政编码：201101)	
印　刷	上海展强印刷有限公司	
开　本	890 毫米×1240 毫米　1/16	
印　张	7.5	
字　数	115 000	
版　次	2024 年 1 月第 1 版　2025 年 1 月第 2 次印刷	
书　号	ISBN 978-7-5475-2168-7/D·096	
定　价	48.00 元	

本书如有质量问题,请与承印厂联系。电话：021-66366565